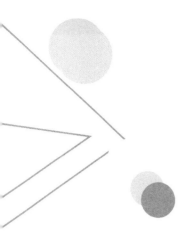

本书受到了
重庆市自然科学基金(CSTB2023NSCQ-MSX0533),
重庆工商大学高层次人才科研启动项目(2256001，2256002)
的支持。

JISUAN
JINGJIXUE

Shijiao xia de Bianyuan Jisuan Ziyuan Fenpei Yanjiu

计算经济学视角下的
边缘计算资源分配研究

王曲苑　刘佳迪　◎著

中国财经出版传媒集团

经济科学出版社
Economic Science Press

·北京·

图书在版编目（CIP）数据

计算经济学视角下的边缘计算资源分配研究／王曲苑，刘佳迪著 . -- 北京 ：经济科学出版社，2025.3.
ISBN 978 - 7 - 5218 - 6808 - 1

Ⅰ. TN929.5

中国国家版本馆 CIP 数据核字第 2025Q7P649 号

责任编辑：李　雪
责任校对：王肖楠
责任印制：邱　天

计算经济学视角下的边缘计算资源分配研究

JISUAN JINGJIXUE SHIJIAOXIA DE BIANYUAN JISUAN ZIYUAN FENPEI YANJIU

王曲苑　刘佳迪　著

经济科学出版社出版、发行　新华书店经销

社址：北京市海淀区阜成路甲 28 号　邮编：100142

总编部电话：010 - 88191217　发行部电话：010 - 88191522

网址：www.esp.com.cn

电子邮箱：esp@ esp.com.cn

天猫网店：经济科学出版社旗舰店

网址：http://jjkxcbs.tmall.com

固安华明印业有限公司印装

710×1000　16 开　17.25 印张　201000 字

2025 年 3 月第 1 版　2025 年 3 月第 1 次印刷

ISBN 978 - 7 - 5218 - 6808 - 1　定价：86.00 元

（图书出现印装问题，本社负责调换。电话：010 - 88191545）

（版权所有　侵权必究　打击盗版　举报热线：010 - 88191661

QQ：2242791300　营销中心电话：010 - 88191537

电子邮箱：dbts@ esp.com.cn）

前　　言

近年来，随着物联网、人工智能和 5G 技术的迅猛发展，边缘计算逐渐成为支撑新型智能应用的重要基础架构。在资源受限、需求多变的边缘环境中，如何实现高效、公平且可持续的资源分配，已成为业界与学术界广泛关注的前沿问题。与此同时，计算经济学的发展为资源配置问题提供了强有力的建模工具与分析方法，为推动边缘计算环境中的机制设计研究开辟了新的路径。

本书的写作缘起于作者在博士阶段对边缘计算资源管理问题的系列研究工作。传统工程方法在处理多主体竞争、激励约束与信息不对称等问题时存在一定局限，而计算经济学所强调的"机制—算法—行为"统一分析框架，恰好能够弥补这一空白。由此，本书尝试在经济学视角与计算系统资源分配之间架起桥梁，对边缘计算中的资源分配机制展开深入探讨。

本书共分为七章，内容结构如下：第一章概述边缘计算的发展背景与资源管理面临的关键挑战；第二章介绍边缘计算技术及相关理论；第三至第六章重点分析不同类型边缘计算任务中的资源分配机制设计问题和资源定价问题；第七章展望未来研究方向，并提出可行的跨学科研究路径；附录提供了系统设计与算法实现的部分关键源代码。全书力求在理论与实践之间保持张力，既具学术深度，也不乏应用指导意义。

本书主要面向高等院校中计算机、管理科学、电子信息等相关专业的研究生、教师，以及从事边缘计算系统设计、资源调度与机制设计的研究人员和工程技术人员。

本书由王曲苑与刘佳迪共同撰写，其中刘佳迪负责 6 万字，王曲苑负责剩余部分。在写作过程中，我们得到了多位同行专家的宝贵指导，也得到重庆工商大学人工智能学院领导的支持，在此一并致以诚挚谢意。

作者

2025 年 3 月

目录

CONTENTS

第 1 章

绪　　论

1.1　研究背景及意义

随着智能移动设备数量的爆炸增长和算力的大幅提升，智能移动设备在生活生产中扮演的角色越发重要和多元。数年前，移动市场的主要矛盾是用户日益增长的应用需求同有限的移动设备算力之间的矛盾，而当今移动市场的主要矛盾是用户多样化的生活需求和移动资源不平衡之间的矛盾。边缘计算模式为了解决这种矛盾，利用计算卸载、边缘缓存、边缘智能等服务将移动资源再分配，实现近用户侧信息感知、收集和处理。利用技术手段对服务进行优化可以有效提升服务的用户体验，而边缘用户是否愿意构建边缘网络，愿意在边缘服务中贡献多少资源成为决定边缘服务是否有良好体验的根本问题。

计算卸载服务是指用户可以将任务传输到邻近的边缘节点进行计算。通过将任务卸载到边缘节点可以节省用户电池容量、突破计算性能限制等好处。内容缓存服务通过利用缓存在网络边缘的内容、数据来辅助计算，分享优秀内容的同时改善以内容为基础的计算服务表现。边缘智能服务通过在边缘侧进行样本采集和预处理，将人工智能系统部署于近用户侧，减少传输延迟的同时提升数据处理实时性。现有工作主要关注如何利用技术手段提升移动设备在多样化服务中的性能表现，即边缘计算下的资源分配问题，但是如何让边缘用户愿意参与边缘网络构成并在多元服务中体现价值才是需要解决的根本问题，也就是在计算经济学的视角下关注边缘计算中的激励机制设计问题。

计算经济学理论发展将计算机科学、人工智能等计算方法应用到经济学领域中以解决传统经济学研究中的科学问题。同时也将经济学工具和方法带入计算机研究中，在人工智能、区块链和资源定价等方面取得了显著进展。通过引入计算经济学视角有助于建立适合边缘计算协同激励的经济学模型，有助于开展实证研究有效验证理论模型的适用性。同时，在边缘网络进行激励机制设计需要特别考虑边缘网络的特有性质。由于边缘网络中包含数量庞大的移动设备，而移动设备的任务需求、硬件条件和心理预期等都各不相同，既会影响移动用户的预算和性能提升表现，也会影响作为资源提供者的利润收入和能量消耗，因此异构性是设计激励机制不可忽略的重要元素之一。此外，由于边缘网络大部分依靠无线连接维系节点之间的通信过程，无线信道的信道波动、用户的随机移动和随时加入对如何保证机制稳定运行提出挑战，同时边缘环境中竞争关系的有无和节点对长期利益的考虑使得在设计激励机制时不得不考虑动态性因素。另外，出于角色自利性、角色主观偏好不同和需要隐私保护等原因，无法在边缘服务时提供对称信息，当前信息不对称和未来信息不可知对交易成本和决策偏差的影响是在设计激励机制时不可或缺的考虑因素。最后，从经济学角度利用经济学工具分析问题，可以使得所设计机制更贴合经济生活特点，也可以进一步推进边缘网络计算模式的商用推广。

边缘网络中的多元化服务一方面可以为移动用户带来更新奇的应用体验和性能提升表现，使得用户在近用户侧享受多样服务的同时，不增加额外的电池容量消耗。另一方面，对于资源提供者来说，边缘计算模式为他们带来了一种新的盈利方式，即通过共享多余的移动资源换取利润。如此一来，双方都有动机组成边缘网络参与边缘服务，从而形成良好的边缘环境生态。因此，从计算经济学视角对边缘计算网络进行资源分配研究对用户使用体验的改善、设备计算性能的提升和资源提供者的增收有着非常重要的研究意义和经济价值。

1.2 面临的挑战

首先，在边缘网络中设计激励机制面临的首要挑战是边缘网络设备的异构性。异构性可谓是边缘网络的重要特征之一，其存在的主要原因是边缘网络复杂的构成方式，即边缘网络是由数量庞大且品类各异的设备组成的。总的来说，异构性不仅体现在边缘设备的处理能力、存储资源等性能差异上，也体现在边缘设备希望节省时间或希望节省能耗等需求差异上。另外，从网络中的角色划分来看，不仅移动用户存在异构性，边缘节点同样存在异构性。在现有工作中，部分工作只考虑了单方异构性，如只考虑了边缘节点异构性导致的系统延迟不同，而没有考虑相同的系统延迟对需求异构用户带来的激励也不同。还有部分工作只考虑了单维度异构性，如只考虑了移动设备计算能力的异构性，但未考虑其在期望收益方面的异构性。在边缘网络服务中若不考虑设备的异构性，则所设计的机制完全不能适配边缘网络的固有特点，对异构性全面、合理的讨论有助于构建更现实、更具说服力的角色成本——收益模型，从而设计更准确、更稳定的激励机制，而这是大部分现有工作所不具备的。

其次，边缘网络是一个充满变化和不确定因素的分布式网络，因此在边缘网络中设计激励机制面临的第二个挑战是动态性问题。在边缘网络层面，由于设备之间的连接主要依靠无线连接，因此动态性主要反映了网络的动态变化，即用户位置改变、无线信道中的不确定因素、用户的随机加入与突然离开等。此外，在边缘网络中每个设备都有可能具备别的设备所没有的独特性质，因此以买卖双方为例，每个设备都有可能成为其中的任意一方，而且买卖双方的角色有可能随着时间的变化而变化，这称之为角色的动态性。角色的动态性决定了有些资源是某些节点独有的，而有些资源是人人都具备的，因此市场也存在着垄断市场和开放市场的两种可能性。动态性既影响着边缘网络中的设备连接，也影响着激励设计问题中的利润刻画模型，如为了对抗网络的随机波动，往往会考虑节点的长期收益。在边缘内容市场中，需要特别注意的是内容本身也在随着时间而变化，可以被称之为商品的动态性。在传统的边缘网络工作中，一部分工作结合网络动态性展开了讨论，也有一部分工作体现了节点之间的竞争性，但是大部分激励设计问题没有从经济学角度同时捕捉设备、商品和市场的动态性特征。

最后，信息不对称性是影响激励机制设计的又一重要因素。出于保护隐私信息和使自身利益最大化的目的，边缘网络中的设备或多或少地会对自己的私人信息进行掩盖，从而造成有意或无意的信息不对称现象，如边缘节点无法得知移动用户的真实处理能力、无法得知移动用户的努力程度等。除了这种外部信息不对称性，每个独立个体面对不同商品的感知能力也各不相同，此为内部信息不对称性。由于不对称信息的存在，在设计激励机制时需要考虑如何衡量角色的真实情况，如何根据条件对不同类型的角色产生激励效应，如何维持激励效应的持久作用，目前少数工作已经关注到了信息不对称性对激励机制设计的影响，但大多数工作对信息不对称性仍未涉足。

因此，为了在边缘网络的多元化服务中激励用户积极参与并且尽可能提供算力，我们必须将异构性、动态性和信息不对称性等特征纳入考虑，结合真实应用场景来对边缘网络多元化服务的激励机制进行设计。一方面，根据角色异构性特点，充分考虑角色对内容信息、价格的感知能力不同的事实，同时考虑时间推移对内容更新成本和定价策略的影响，分别在垄断和开放边缘内容市场中设计使内容提供商利润最大化的激励机制。以此为基础，我们需要从市场定价和供需理论角度考虑计算资源的有限性，高效解决计算服务中的角色匹配与定价问题，打造一个鼓励计算资源共享的良性生态。最后，针对新颖的边缘训练服务，在考虑异构性的基础上，我们需要充分讨论信息不对称性和动态性对角色策略的影响，针对参与双方设计一个具有正激励效应的激励机制，从而鼓励边缘用户参与边缘训练并尽最大能力提供算力支持。

1.3 国内外研究现状

1.3.1 边缘网络计算卸载技术

边缘网络中的计算卸载技术是边缘计算研究最为深入的部分。主要解决的是卸载决策问题，即卸载什么内容、什么时间卸载、卸载到哪里等问题。与早期研究相比，当下的计算卸载研究一部分依托于先进技术（如内容缓存、人工智能算法、新一代无线通信等），另一部分在积极拓展计算卸载的应用场景（如车联网、无人机组网、智慧城市等）。萨尔蒙等人（Saleem et al.，2020）考虑了5G服务场景中毫秒级的延迟要求和频谱的稀缺性，作者专注于最小化共享频谱中所有设备的任务执行延迟之和，提出了一个使用正交频分多址方案进行部分卸载和干扰管理的综合框架，仿真实验证明其方案可以实现低延迟目标并节省了本地能耗。张等人研究了超密集网络中边缘赋能的云无线接入网络任务卸载和资源分配问题，旨在优化网络能源效率。通过引入李雅普洛夫优化理论、凸分解方法和匹配博弈来解决子问题，并且从理论上分析了能源效率和服务延迟之间的权衡。作者在文献中研究了用户在卸载决策中的风险寻求或损失规避行为，利用前景理论来刻画用户卸载后的感知满意度，构建了用户之间的非合作博弈模型并确定了相应的纯纳什均衡点。提出了关于用户在现实条件和行为下的数据卸载决策的有益见解。李余等人（2021）以最小化系统计算总开销为优化目标，对多用户计算卸载和资源分配问题进行建模，提出基于稳定匹配的多用户计算卸载资源优化决策算法，仿真实验证明所提算法可以有效减少系统总开销。杨等人（Yang et al.，2020）考虑了边缘节点移动性和可用带宽，将最佳卸载节点选择问题刻画为马尔科夫决策过程，通过价值迭代算法进行求解，仿真实验证明所提策略在卸载时间上优于传统策略。

随着算力突破，人工智能再次受到了人们的关注，也有诸多工作利用人工智能模式（如深度学习、强化学习等）解决卸载决策问题。肖等人提出了一个基于强化学习的计算卸载策略以抵抗干扰攻击，能够使得设备在不知道任务生成模型、干扰模型的情况下提高其共享增益，作者利用批评者网络更新角色网络的权重以提升计算性能。仿真结果表明所提方案在减少延迟和能耗方面表现突出。在文献中，作者利用博弈论设计了一种分散计算卸载策略，使得用户可以独立选择卸载决策。作者在没有设备网络带宽及偏好信息的情况下刻画了部分可观察的马尔科夫决策过程，并利用深度强化学习算法进行求解。王等人（Wang et al.，2020）提出了一种基于元强化学习的计算卸载策略，它可以通过少量的梯度更新和样本快速适应新环境。作者构建了有向无环图，利用序列到序列神经网络模拟卸载过程。仿真实验证明所提出的卸载策略不仅可以减少计算延迟还能够快速适应环境变化。在文献中，作者针对卸载决策和任务执行之间的强耦合关系，提出了一个基于行为者—批评者学习结构的深度强化学习框架，行为者网络学习从输入状态（即无线信道增益和边缘节点 CPU 频率）到每个任务的卸载决策的最佳映射关系，仿真实验表明，所提框架对于各种类型的任务图都实现了性能提升并且降低了计算复杂度。程百川在其学位论文中分别针对单小区多用户和多小区多用户的应用场景，结合边缘资源有限性的特点，基于深度强化学习提出动态卸载与资源分配方案。

借由内容分发网络的概念，许多计算卸载的工作利用边缘内容缓存技术提升计算卸载的性能。黄永明等人（2021）揭示了边缘计算和缓存技术在大规模网络中的重要性，并分析了缓存赋能边缘网络的新型关键问题和研究方案。周等人在文献中研究了边缘网络中移动设备的主动缓存和内容共享问题，作者考虑用户的移动行为和内容偏好提出了一个长期主动缓存策略，达到最小化获得所请求内容的通信成本之和，仿真实验证明了所提策略的稳定性、收敛性和最优性。文等人提出了一种联合缓存、计算和通信的卸载机制，作者联合缓存、卸载和时间分配策略进行优化，以使加权总能耗在缓存和时间期限的约束下最小化，作者利用凸优化和惩罚凸凹程序对问题进行求解，仿真体现了所提机制在有效利用存储、计算和通信资源方面的优势。张等人（Zhang et al.，2020）研究了当设备将重复计算任务迁移到边缘节点并分享任务所需内容时的计算卸载问题，作者提出了一种可以为计算任务或数据内容执行联合任务卸载和动态数据缓存策略的算法，仿真实验证明所提算法可以有效降低所有移动设备的整体服务延迟。赵等人研究了如何在有限缓存容量中将依赖性任务卸载到边缘节点的问题，作者设计了一个高效的基于凸优化算法来解决这个问题，使用谷歌数据跟踪的广泛模拟结果表明作者提出的算法可以极大减少完成时间。

另外，还有许多工作努力探索边缘计算的应用场景并改进卸载性能。徐等人为了解决智慧城市中的隐私泄露问题，提出了一种实现隐私保护、提高卸载效率、促进边缘节点效用的智能卸载策略。作者通过引入信息熵机制以获得隐私保护和服务性能之间的平衡。同样在智慧城市场景下，匡等人（Kuang et al.，2020）将卸载决策问题刻画为一个成本最小化问题，为了降低计算复杂性，作者设计了一种基于改进的遗传算法和一种贪婪策略。仿真在总成本、资源利用率和处理时间方面体现了所提算法的优越性。于等人研究了无人机赋能边缘计算系统的卸载决策问题，作者联合优化了无人机的位置、通信和计算资源分配以及任务分割决策，使得所有设备的服务延迟和无人机能耗的加权和最小。在车联网环境中，为了实现路侧单元对等卸载、车辆到路侧单元的卸载和内容缓存刻画了一个混合整数非线性规划问题，作者以最小化通信延迟、计算延迟、网络拥塞延迟和内容下载延迟为目标设计了一个在线多决策方案，基于真实世界交通数据的实验结果表明作者提出的策略在各方面都优势明显。同样是在车联网场景中，侯等人引入了软件定义网络概念，设计了部分计算卸载和可靠任务分配与再处理机制来确保高可靠性地完成延迟敏感任务。性能评估结果证明，作者所提出的方案确实能够减少延迟。

在关于计算卸载的过往工作中，多数研究工作没有刻画出边缘节点的移动性特征，同时对动态边缘网络中可能遇到的动态资源管理问题缺乏深入讨论。

1.3.2　人工智能与边缘计算技术

随着移动设备算力的提升，加之边缘计算模式的盛行，人工智能系统更有潜力部署在网络边缘。按照人工智能系统的流程划分，边缘计算与之结合的工作大致可以分为，边缘训练、边缘推理和边缘应用。边缘训练是指将人工智能的数据训练交由边缘节点执行，其中最负盛名的是联邦学习——一种分布式训练架构。任等人在联邦学习系统中定义了学习效率作为新的学习性能评估标准，提出了联合批处理规模和通信资源分配的优化问题，并分别在 CPU 和 GPU 场景进行讨论，实验表明其所提算法可以有效减少训练时间的是同提升学习精度。陈等人在文献中刻画了一个联合学习模型、无线资源分配和用户选择的优化问题，其目标为最小化联邦学习损失函数。作者根据联邦学习预期收敛率对用户进行选择同时对上行资源块进行分配，仿真效果表明所提联邦学习框架可以提升识别精度。汪等人提出了一个经验驱动的控制框架，在非独立同分布数据场景下可以智能地选择每一轮联邦学习设备并加速收敛。作者提出了一个基于深度 Q - Learning 的机制以最大化奖励，鼓励提升学习精度的同时惩罚通信回合多的设备。孟泽宇博士在其学位论文中结合边缘网络资源受限、数据不均、环境动态等特点提出了边缘分布式模型训练策略。

在边缘训练中，除了以设计学习算法优化学习效果为目标之外，还有一部分工作着重分析了联邦学习的通信传输过程。罗斯柴尔德利用 count sketch 算法压缩模型更新，并且利用可合并行对多设备模型进行合并更新，作者设计的 FetchSGD 算法实现了高压缩率和良好学习收敛效果的同时保证了通信过程的能量有效性。陈等人提出了一个通信高效的联邦学习框架，以共同改善学习收敛时间和训练损失。作者通过设计概率性设备选择方案，使得能够显著改善收敛速度和训练损失的设备有更高的概率被选择用于模型传输，同时设计了一种高效无线资源分配方案，仿真表明所提出的联邦学习框架可以提高识别精度并减少收敛时间。芦效峰等人在文献中提出了一种异步联邦学习机制 EAFLM，根据自适应阈值压缩冗余通信过程，同时利用权重修正梯度更新算法保证了学习过程的动态性特征。实验结果表明虽然在学习准确率上有微弱损失，但通信过程明显减少。

另外，还有一些工作针对边缘训练中的隐私保护问题展开了研究。宋等人（Song et al.，2020）尝试通过恶意服务器攻击来探索联邦学习过程中的用户级隐私泄露问题，提出了一个包含生成对抗网络的多任务判别器框架，通过对客户身份的判别恢复用户指定的私人数据。仿真证明所提出的框架能够区分特定的客户端并准确恢复特定隐私数据。魏等人提出了一种基于差分隐私的联邦学习防信息泄露框架，作者通过加入模型聚合前噪声来满足不同保护级别下的差分隐私需求，仿真结果揭示了收敛性能和隐私保护水平之间的权衡关系。刘等人证明只要差分隐私测量的隐私约束水平低于一个随信噪比下降的阈值，无编码传输就能实现隐私保护的同时不影响学习性能。作者研究了联邦学习中分布式梯度下降的自适应功率分配方案，以最小化学习性能差异，同时作者还对正交多址和非正交多址场景进行了讨论，仿真实验证明了动态功率自适应分配的潜在优势。

边缘推理的工作主要着眼于如何优化训练好的模型，使之更好地为本地推理服务。李等人在文献中设计了一个设备—边缘协同作用来进行深度神经网络边缘推理的框架（edgent），通过深度神经网络分割和提前退出机制减少了计算延迟，同时作者分别分析了 Edgent 在静态和动态网络中的性能表现，实验证明 Edgent 能有效实现按需低延迟的边缘推理（Li et al.，2019）。绍等人介绍了在资源受限设备上进行边缘推理的有效方案，研究了设备上模型计算成本和转发特征值通信开销之间的关键权衡，提出了一个通用的三步框架：选择模型分割点、通信模型压缩及任务导向编码。吴等人将工业物联网边缘推理中的信道变化和随机性问题刻画为了受限的马尔可夫决策过程（CMDP），作者利用李雅普洛夫优化方法将 CMDP 转化为一般马尔可夫过程并提出了一个基于强化学习的算法来求解该过程。仿真实验表明所提算法在显著降低平均服务延迟的同时可以实现高概率保持长期推理的准确性。姜婧妍博士在其学位论文中针对大规模边缘推理服务的成本优化问题，提出了多版本、多数据的模型自适应推理机制，实验证明在保证用户时间和准确率需求下所提机制可以有效降低服务成本。

不论是聚焦于边缘训练还是边缘推理的工作，其主要目标都是在保证学习性能的前提下使人工智能系统更易部署于边缘网络中。结合边缘网络特性，其中的过程都是需要多个设备协同完成的，而针对如何激励边缘用户参与到边缘智能系统中来的工作还数量较少。

1.3.3　边缘服务中的激励机制设计

目前，相对于对计算卸载技术和边缘智能技术的研究，针对边缘服务中的激励机制设计问题的研究工作相对较少。但是激励机制是边缘服务的基础，合理有效的激励机制可以估计边缘设备和用户积极参与边缘服务，从而形成良性循环。在针对计算服务的激励机制设计方面，何等人在文献中着眼于协同计算卸载的系统长期性能提出了一种基于拍卖理论的在线激励机制（He et al. ，2019），作者考虑了动态环境下的信息感知局限性，并证明了设计的拍卖机制符合预期性质。苏等人（Su et al. ，2020）设计了一个分层计算卸载框架，通过考虑个人理性和激励相容约束，根据合约理论设计了计算卸载激励机制并显著提高了社会福利。作者构建了一个分布式多对多的匹配模型来捕捉移动任务和边缘节点之间的互动关系，作者考虑不同资源需求及可用性的情况下设计了匹配买卖双方的算法并确定支付价格，所设计方案不仅考虑了边缘节点的个人偏好，也显著提升了系统整体性能。黄等人在协作式车联网边缘计算框架中基于合同理论和前景理论建立了卸载用户对计算卸载效用的主观评价模型，推导出在信息不对称情况下使主观效用最大化的最优合同款项，并证明了方案的有效性和效率。（Nazih et al. ，2020）研究了数据服务运营商、车辆雾节点和用户设备之间的互动关系，基于斯塔克尔伯格博弈模型和合约理论设计了针对车辆雾节点的激励机制，使得车辆根据用户需求主动分享其计算资源，提升了资源分配的效率。乔希洛等人解决了周期性产生计算密集型任务的无线设备的卸载决策问题，作者将优化问题刻画为多时隙计算卸载博弈模型并证明了纯策略纳什均衡的存在，其所提算法在计算复杂度上取得了明显的性能提升，其计算复杂度与设备数量成线性关系。温雨舟在学位论文中分别针对边缘计算智能工业场景中的协同和不可协同任务设计了卸载策略和激励机制，通过理论证明和仿真实验证明了所提机制的可行性。在计算服务激励机制设计中，多数文献采取的是以时间增益、能量节省或系统性能提升作为激励目标，少有文献运用经济学知识和模型，以直观经济角度激励双方尤其是计算资源提供者参与计算服务。

在针对边缘内容分享和缓存的激励机制设计方面，何等人在文献中考虑了激励移动设备长期参与 D2D 内容共享，提出了一个综合评分机制，并通过得分选择最合适的内容提供商，评分依据来源于供应历史、当前的传输率和预期收入，其仿真结果表明可以有效地激励移动设备参与内容共享，并可以从多个候选者中选择最合适的内容提供者。韩等人提出了一种基于信号博弈的激励机制，以解决 D2D 内容分享的信息不对称问题，作者将内容市场刻画为一个劳动力市场，最终激励机制使得每个内容提供者在劳动力市场上效用最大化。在文献中，塔加维等人认为大多数关于云市场竞争的研究只关注定价机制，忽略了云服务质量和用户满意度，因此他们提出了一个两阶段的博弈模型来捕捉云市场的用户需求偏好，并揭示了小型 IaaS 供应商的最佳策略。吴蓉等人针对信息中心网络中的免费内容，考虑了如何激励网络服务提供商部署内容缓存的问题，作者提出了一种具有广告商参与的免费内容定价机制，仿真实验证明该机制可以使网络服务提供商实现利润最大化。阿舍利耶娃等人在文献中利用契约理论和李雅普洛夫优化理论对边缘网络中的 D2D 内容分享和缓存问题进行了优化，他们在内容共享成本信息不完整和网络状态分布未知的情况下以最小化网络成本和稳定队列为目标，设计了分布式内容访问和交付算法。曾等人在软件定义网络车辆边缘计算框架中引入了信誉系统衡量每辆车的贡献，以评估车辆的服务质量，作者通过斯塔克尔伯格博弈模型将交互过程设计为基于信誉的激励机制，利用反向归纳法得到了博弈双方的最优策略，仿真结果表明该策略不仅降低了平均延迟也为边缘服务器带来了更多利润。韩等人（Khan et al.，2021）提出了一个基于积分系统的货币激励机制，通过跟踪用户的服务历史，识别 D2D 内容分享中具有良好参与率的设备并对其表现进行奖励。虽然很多文献提出了基于价格或者信誉的激励机制，但多数仍然是以减少延迟或能耗为激励目标的。同时，在大多数文献中淡化了内容提供商之间的竞争关系。最后，大多数工作忽略了商品本身的特点，即内容本身的特点（如时敏性等）。

在针对边缘训练和推理的激励机制设计方面，丁等人在考虑训练成本和通信延迟的情况下，研究了基于契约理论的激励机制设计问题。他们分别在完全信息、弱不完全信息和强不完全信息条件下进行了理论分析和实验验证。詹等人在文献中研究了设计异构边缘节点和网络带宽不确定情况下的激励机制，由于网络动态和隐私保护，作者提出了一个基于深度强化学习的机制，以自主学习最佳定价策略。康等人（Kang et al.，2019）通过引入了信誉作为衡量移动设备可信度的指标，作者使用多权重主观逻辑模型，设计了一个联邦学习中基于信誉的代理选择方案。并且利用契约理论设计了激励机制，激励具有高质量数据的高信誉移动设备参与模型训练。结果表明其机制可以显著提高学习的准确性。韩等人（Khan et al.，2020）通过斯塔克尔伯格博弈模型来模拟全局服务器和联邦学习的设备之间基于激励的互动关系，作者提出了一些研究挑战及其潜在解决方案并对未来研究进行了展望。萨里卡亚等人在文献中分析了全局服务器在预算有限的情况下如何在代理人多样性和训练延迟之间进行权衡。林等人（Lim et al.，2021）针对分层联邦学习架构中的资源分配和激励设计问题展开研究。在下层，作者应用进化博弈论模拟集群选择的动态过程；在上层，作者提出了基于深度学习的拍卖机制，仿真结果表明了其机制的唯一性和稳定性。王等人探索了协作分布式训练的自由市场激励机制，分析了多个参数服务器之间的竞争关系，设计了多维博弈模型以推导激励机制，仿真证明，在相同预算约束下其参数服务器的最终平均效用大幅提升。在边缘训练服务领域，现有的工作多数集中在设计高效的学习算法和学习模式上，较少有工作关注如何激励边缘节点参与边缘训练服务。同时在现有文献中，关于协作训练参与者的异质性和信息不对称如何影响边缘智能的激励机制设计的研究也相对较少。

1.4 本书结构与内容概述

本书面向边缘网络中的内容服务、计算服务和训练服务，通过考虑角色异构性、内容时敏性、环境动态性、资源有限性、信息不对称性等边缘网络特征，对以上三种服务场景中的激励机制设计展开研究，同时利用经济学工具对边缘计算中的预算分配和资源定价进行了研究。

1.4.1 本书结构

本书的研究思路和结构如图1.1所示。本书第1章主要介绍了本书研究的背景及意义，并且对相关研究内容面临的挑战和国内外相关工作进展进行了总结和概括。本书的第2章对边缘计算技术进行了介绍，具体包括边缘计算的框架、计算卸载、边缘缓存、激励机制设计和边缘智能技术，另外对本书涉及的微观信息经济学理论进行了概述。本书的主要研究工作主要由四部分构成，分别是边缘内容服务中针对内容提供者的激励机制（第3章），边缘计算服务中针对资源提供者的激励机制（第4章），基于合约理论的边缘训练服务激励机制（第5章）和边缘计算服务预算分配策略和资源定价机制（第6章）。其中第3章着重研究了在时变异构的边缘内容市场中如何结合异构性、内容时敏性和环境复杂性如何针对内容提供商设计激励机制促进优质内容传播。第 4 章主要关注在边缘计算服务中在竞争环境与非竞争环境下的端边匹配及服务定价问题。第 5 章基于信息经济学及合约理论设计了可扩展双阶段多人协同训练激励机制以促进边缘设备参与边缘训练。第 6 章主要关注在边缘计算服务中如何利用计算经济学视角对有限预算进行合理分配，同时探索资源价格的变动如何影响市场均衡。第 7 章总结了本书的研究内容并对未来的研究方向进行了展望。

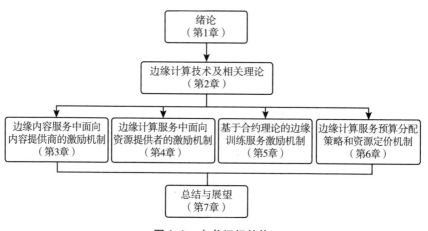

图 1.1　本书组织结构

1.4.2　具体研究内容及创新点

本书研究内容之间的关系如图 1.2 所示，在传统边缘计算服务中的任务数据可以被视为"内容"，因此边缘内容服务激励机制设计扩展成为边缘计算服务激励机制。边缘训练服务是一种特殊的计算服务，因此边缘训练服务中的激励机制设计是边缘计算服务激励机制设计的扩展。最后一章以计算经济学视角为出发点，讨论在预算有限和价格波动情况下的资源分配，是全书内容的基本支撑。

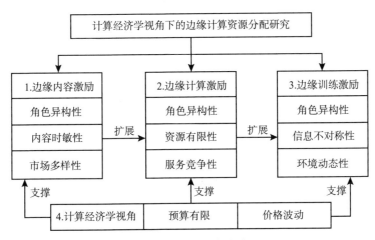

图1.2 本书研究内容关系

（1）本书研究了异构时变边缘内容市场中针对内容提供商的激励机制设计问题。本书从流行度、质量和内容新鲜度等多个维度刻画边缘内容时敏性，并以此为据刻画了新颖全面的边缘内容模型。通过引入信息经济学理论，将不同内容受众的内容需求和价格感知能力转化为其接受内容服务的概率，并以此刻画内容受众的异构性。通过讨论内容是否独家，即内容提供商之间是否存在竞争将边缘内容环境区分为垄断环境和开放环境，刻画边缘环境的不确定性。在垄断环境下通过构建一个双阶段 Stackelberg 博弈模型为内容提供商制定最佳内容更新策略和定价方案，在开放环境中设计了基于强化学习的激励机制算法（reinforcement learning-based incentive mechanism in open environment，RLIMO）获得内容供应商的最优定价策略，以保证边缘内容市场中内容提供商的利益最大化。

（2）本书研究了在异构边缘计算服务中针对计算资源提供者的激励机制设计问题。本书主要关注用户和计算资源提供者的收益与成本模型的刻画、市场竞争性对利益最大化问题的影响及如何快速匹配买卖双方并决定资源价格。在非竞争环境中，通过利用市场定价模型和供需关系模型构建目标为利益最大化的优化问题并求解。同时，在竞争环境中，通过利用拍卖理论设计包含"出价策略""用户匹配"和"付款机制"三个部分的利润最大化的多轮拍卖机制（profit maximization multi-round auction，PM-MRA），通过引入"性标比""性价比"等指标及二价拍卖模式从理论层面证明了所设计拍卖机制能够实现个人理性，高计算效率和激励相容等性质，从而在保证用户利益的前提下最大化计算资源提供者的总效益。

（3）本书研究了异构边缘智能协同训练场景中的激励机制设计问题。本书考虑了训练角色异构性对多人协同训练收益的影响。不仅考虑了用户算力差异，并且通过引入训练贡献度来刻画代理人异构性，通过时间边际收益刻画委托人异构性。全面系统地讨论了信息不对称性和动态性。讨论了静态环境下完全信息和不完全信息激励机制的差异，揭示边缘协同训练市场基本规律的同时阐明引入动态环境的重要性。在动态不完全信息场景中提出一个基于合约理论的易扩展、易部署激励机制 MotiLearn 以激励用户积极参与协同训练并付诸全力。并且根据个人理性和激励相容约束，从理论层面提供了合约可行性的充要条件。

（4）本书通过考虑边缘计算系统中智能移动设备的最大预算和供应商可销售资源的有限性来构建计算资源和网络资源的交易模型。在资源限制和任务执行期限的约束下制定了系统效用最大化问题，将该优化问题分解为预算分配问题和资源定价问题。在预算分配问题中，使用微观经济学理论中的组合投资概念，通过解决智能设备的投资回报最大化问题来获得最优预算分配策略。在资源定价问题中，基于最大流量/最小割定理设计均衡价格发现算法，通过考虑系统中的资源供应与需求来调整网络资源价格和计算资源价格以实现市场均衡。

第 2 章

边缘计算技术及相关理论

2.1　边缘计算技术综述

2.1.1　边缘计算概述

随着新一代无线通信技术部署进程的加快和万物互联（internet of everything，IoE）概念的兴起，大量具有低延迟需求的应用蓬勃发展，而资源渴求型应用与资源有限移动终端之间的矛盾使得边缘计算崭露头角。自边缘计算概念提出起，边缘计算就被视为实现万物互联和 5G 通信的关键技术之一。边缘计算被人们寄予希望将高带宽、低延迟、优服务带向网络边缘。总体来说，边缘计算是一种分布式计算架构，其中信息感知、收集、处理都更靠近数据源和消费该信息的网络边缘。与传统的云计算模式相比，边缘计算更关注在移动设备连接范围内的节点，而不是遥远的云计算中心。所谓"边缘"即为人物交互的起始点，也是网络连接的初始点。

边缘计算的起源最近端是云计算（cloud computing，CC），随后衍生出了移动云计算（mobile cloud computing，MCC），最后才有了雾计算（fog computing）和边缘计算模式。图 2.1 分别展示了云计算、移动云计算和边缘计算的基本模式。边缘计算模式的兴起也标志着计算模式再一次从中心化（centralized）向去中心化（decentralized）发展。边缘计算和雾计算都是云计算的延伸模式，从模式上来说两者并无区别，有学者认为两者是同一种技术在不同应用场景中的体现。也有学者认为雾计算更注重局域网的智能，而边缘计算更注重网络边缘处理数据的过程，在此我们对两者的异同不做展开讨论。

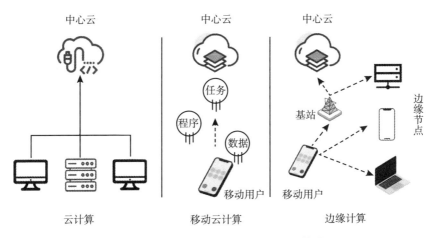

图 2.1　云计算、移动云计算和边缘计算模式

资料来源：作者绘制。

在边缘计算模式下的最显著收益即为快，由于边缘节点在本地或附近的节点进行数据感知和处理，因此他们收集的信息和数据不必像云计算模式那样进行远距离传输，通过在离源头更近的地方处理数据并减少其物理传输距离的方式，使得延迟的数量级降至微秒。边缘计算模式带来的第二个显著优势是安全，虽然边缘设备数量的骤增确实增加了网络被攻击的"面积"，但是相比于传统的集中式云计算，边缘计算将处理、存储和应用分布在广泛的设备和数据中心中，这使得任何单一的攻击和中断都难以使整个网络瘫痪。同时由于更多的数据在本地或邻近设备处理而不用传输到中央数据中心，因此边缘计算也减少了在某一时刻实际处于风险中的数据量。边缘计算的第三个显著优势是可扩展性，边缘节点的普遍性使得任何机构不需要耗费巨资建造数据中心，只需要物联网设备和边缘数据中心的组合便可扩展计算能力。而往往增加这样的边缘设备也不会对网络提出大量的带宽要求。边缘计算的可扩展性也就造就了其多功能性的特点。根据边缘节点特征和边缘网络构成的不同，边缘计算很容易被应用到各个领域、也便于提供各种多样化服务。而边缘计算遇到的最大挑战是资源有限性，作为构成边缘节点的移动用户来说，处理能力、存储能力都相当有限，因而如何在进行服务时权衡自身消耗和利益所得是边缘节点首要考虑的。当然边缘计算的发展还面临着应用、架构、理论等方面的其他挑战。

可以利用两个维度来划分边缘网络中的主要研究方向。图2.2 中以边缘网络中能够提供的服务为横坐标，以将达成的目的为纵坐标，通过组合即可列出边缘网络中的主要研究方向，如交叉点所表示的以激励双方参与边缘任务计算为目标的计算卸载机制设计，以减少内容分发通信过程中能耗为目的的缓存技术等。

横轴所表示的服务内容也可以理解为边缘网络中的关键技术，如计算服务中的计算卸载技术，内容服务中的边缘内容缓存技术，训练服务中的多人协同训练技术，资源服务中的资源分配技术，等等。本书着重研究的是在边缘网络的多元化服务中（计算服务、内容服务、训练服务）如何激励双方参与服务并谋求正效益。

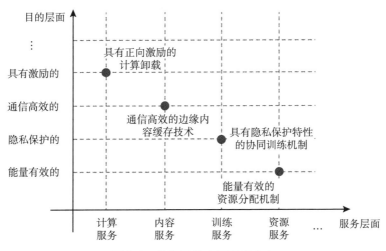

图 2.2　边缘网络主要研究方向

2.1.2　计算卸载

计算卸载（computation offloading）又被称为任务卸载、计算迁移等，是发源于云计算、移动云计算中的概念。在边缘计算中，计算卸载指的是移动用户将计算密集型任务通过无线网络的方式传输到邻近的一个或多个边缘节点执行，在边缘节点帮助下完成任务处理以解决移动用户在存储、计算能力及能效方面不足的过程。如果边缘计算架构采取的是"端—边—云"的三层架构，则计算任务也可被卸载到中心云处理器寻求帮助。与云计算或移动云计算相比，边缘计算中的计算卸载物理上更靠近用户侧，即使边缘节点的计算能力不如中心云处理器，但边缘计算中的计算卸载仍有助于减少传输延迟，缓解网络拥塞情况。

图 2.3 展示了计算卸载的基本模型和流程。在计算卸载过程中最重要的是三个环节：上传、计算和回传。移动用户根据需求和约束条件决定上传的内容后便通过无线网络将卸载内容传输给边缘节点。有许多文献结合网络通信模型和参数对上传过程中的网络资源进行优化分配。发生在边缘节点的计算过程主要取决于边缘节点的计算能力，在考量整个网络表现时应该考虑这一阶段边缘节点所花费的能耗。结果回传时的数据量一般比上传任务的数据量小得多。以图像识别应用为例，上传的可能是某一张图片甚至图像识别程序，而回传的一般是一个判断性结果，如该图片表示的是什么物品。因此，在许多研究中结果回传部分都被忽略不计了。

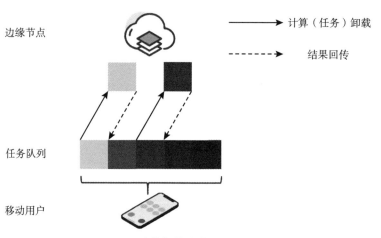

图 2.3　计算卸载的基本模型和流程

与移动云计算类似的是边缘计算中的计算卸载也可根据不同的分类标准进行分类。若根据卸载环境划分，可将卸载分为静态卸载和动态卸载两大类。其中，前者是不论什么情况都按照某种设定好的规则和策略进行卸载，后者是会根据实际的网络变化、用户构成进行相应变化的卸载过程。根据卸载任务的完整性可以将卸载分为部分卸载和完全卸载。部分卸载中只上传任务的一部分，而完全卸载中则上传全部需要处理的任务。根据任务耦合关系可以将卸载分为并行卸载、串行卸载和混合卸载。此外，根据边缘计算的应用情景可将卸载分为能量约束下的计算卸载、可充电环境下的计算卸载和基于边缘云选择的计算卸载等。结合网络拓扑关系可将计算卸载分为"一对一"卸载、"一对多"卸载、"多对一"卸载和多对多卸载等。往往根据不同的分类标准可以将同一卸载过程划分到不同类别中，因此同一个卸载过程可能是多种分类结果的组合。以上只罗列了部分较为重要的分类标准，其余分类方法在此不多余赘述，图 2.4 对一些常见的分类方式进行了总结。

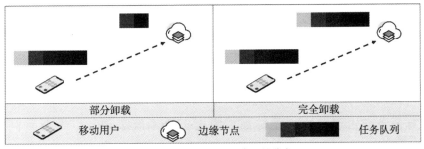

（a）根据卸载任务的完整性分类

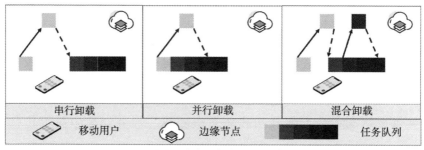

（b）根据任务耦合关系分类

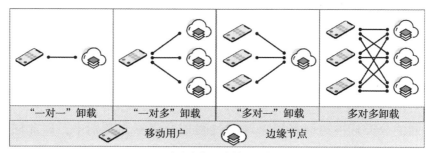

（c）根据用户数量分类

图 2.4　计算卸载的常见分类

在计算卸载的基础研究问题主要围绕"卸载"展开。如"是否需要卸载"，即卸载能否为当前计算效果带来性能提升；"卸载什么"关注卸载的是整体任务还是一部分任务或卸载的是任务数据还是任务流程等；"怎么卸载"考虑的是在执行计算卸载时的具体策略和规则；"卸载给谁"则更注重上传的计算任务交由谁来执行能够最大限度提升系统表现。以上所有问题都是通常计算卸载中的重点研究问题，可以将其统称为卸载决策问题。在实际生活过程中影响卸载决策的因素多种多样，如用户偏好（更注重能耗、时间或金钱）、本地设备自身属性、任务特性、网络通信条件及边缘节点固定属性等。在边缘计算的研究过程中，大多数研究都是围绕计算卸载展开的，而关心的角度不同则衍生了边缘计算中的不同研究方向。若较为关心计算卸载过程中的计算、网络资源调度问题，则研究方向为计算卸载的资源分配问题；若更为关心计算卸载过程中的内容分发与存储，则研究方向为结合边缘缓存的计算卸载问题；若关心计算卸载可能涉及的双方用户经济学关系，则研究方向为计算卸载中的激励机制问题。我们也在接下来的小节中针对具体问题进行介绍。

2.1.3　边缘内容缓存

边缘内容缓存的概念最初来源于内容分发网络（Content Delivery Network，CDN），CDN 技术最初的核心理念就是把内容缓存在更靠近用户的地方使得网络流量下降、服务延时降低、用户体验提升。边缘内容缓存技术可以说是边缘网络和内容分发网络的完美契合。一方面来说，CDN 技术要求传输能力和存储能力，边缘网络为 CDN 提供了存储服务的场所（数量庞大的边缘节点），同时边缘网络复杂的层级结构也为 CDN 技术提供了现成的传输路径。从另一方面来说，在边缘网络服务时需要利用缓存在网络边缘的内容、数据来辅助计算，从而提升表现性能。但是CDN 技术侧重点在于内容的传输，边缘内容缓存技术的侧重点在于如何借助边缘内容提升性能表现。同时，在 CDN 技术中，数据最终还是会传回数据中心进行处理，这一点与边缘内容缓存技术截然不同。

在边缘网络进行缓存通常会遇到以下挑战。与传统云存储中心相比，现有的边缘节点只具备有限的缓存空间，由于用户只检索节点处的部分视频片段，因此在有限的缓存容量下，边缘节点缓存哪些视频的哪些片段至关重要；移动用户的移动性导致预测基站覆盖范围内的内容流行度是具有难度的；边缘网络的网络拓扑结构是动态变化的，不能事先确定用户将选择哪个缓存节点；同时无线信道比有限信道传输存在更多的不确定性，例如信道衰落和信道干扰问题。因此在设计边缘内容缓存机制时不能只考虑内容需求本身，还要结合边缘网络的自身特性进行设计。

图 2.5 展示了边缘内容缓存三个技术主要研究方向："缓存什么内容""缓存存储策略"和"缓存传输技术"。"缓存什么内容"是边缘内容缓存技术的基础，解决的是什么样的内容该被缓存的问题。通常来说现有文献解决这类问题的方法都与"流行度"相关，通过刻画流行度模型尽可能最大化边缘缓存的命中率，即用户所请求内容恰好在边缘节点缓存中的概率。在衡量"流行度"时大多数研究假设内容请求是基于独立的泊松过程产生，常用的流行度模型是静态 Zipf 分布。对内容流行度的预测准确率是这一部分研究内容的重点也是难点。当预测准确率低时，用户缓存命中率也低，不仅降低了缓存的性能增益，还引入了额外的传输和存储成本。

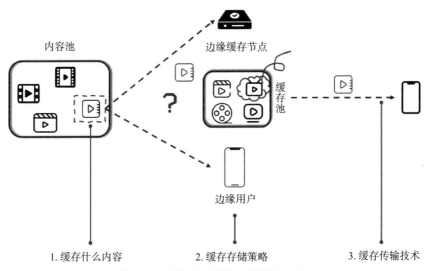

图 2.5　边缘内容缓存主要研究方向

　　"缓存存储策略"主要解决存在哪儿和什么时候释放缓存两个问题。整体看来缓存的存储位置无非是存储在基站或存储在用户处两种。随着新一代通信技术的发展，小基站、微基站、蜂窝基站数量提升，有效地利用基站存储内容缓解了回程线路和核心网的流量，提升了网络的能量效率。在用户处预缓存内容使得用户请求该内容时无延迟，且避免了用户间的干扰，从而提升了用户服务体验。传统的缓存释放策略大约有三种较为流行：先入先出策略（First – in First – out，FIFO）、最近最少访问频率策略（Least frequent used，LFU）和最近最少使用策略（Least recently used，LRU）。当存储空间满时，FIFO 策略优先淘汰缓存时间早的内容，LFU 策略优先淘汰访问频率最小的内容，LRU 策略优先淘汰最近未被使用的内容。随着边缘缓存策略研究的深入，研究工作者们开始考虑通过边缘节点协作的方式来提高系统性能表现。

"缓存传输技术"是边缘缓存机制的最后一环,决定着如何把缓存的内容传输到目的地。在边缘节点众多的边缘缓存网络中使用协调多点联合传输(Coordinated multipoint joint transmission,CoMP – JT)是不太现实的,因为缓存节点之间频繁地交换数据会使得网络流量骤增,带来额外的通信开销。组播传输技术(Multicast)可以在同小区多用户请求相同内容的情况下实现高能量效率和频谱效率,因为当多用户同时请求同一内容时,为了减少重复传输,一个缓存节点可以同时提供服务。组播传输策略的主要研究点是权衡延迟和频谱利用效率。当收集请求的时间很长时,可能遇到的相同请求也更多,则更有可能提高频谱效率,但是先请求的用户存在较大的等待延迟。

2.1.4 激励理论

激励理论(Incentive theory)是一个起源于心理学的概念,是动机理论(The theory of motivation)的主要构成之一。激励理论认为,个体行为的动机是生物体对强化物和奖励的渴望。同时激励理论也是一种行为主义理论,强调环境对行为影响的重要性。与条件反射理论相似,个体的学习行为是为了获得奖励或避免惩罚。激励理论与此非常相似,因为它认为奖励是驱动行动的因素。通常激励可以分为两种类型:正面激励和负面激励。正面激励是为个体行为提供奖励或强化,如老师表扬学生出色地完成了学业,使得学生愿意更进一步提升自己。与正面激励对应的负面激励主要是纠正错误或劝阻行为,如老师对不完成作业的学生进行一定的惩罚。

　　激励理论出现于 20 世纪 40 年代至 50 年代，可以追溯至克拉克·赫尔等心理学家建立的驱动力理论。激励理论没有关注内在动机（Intrinsic Motivation），而是提出人们倾向于导致奖励的行为，并远离可能导致消极后果的行动。这使得激励理论的研究更聚焦于外在动机（Extrinsic Motivation）。例如踢足球的目的是愉悦身心，则此时的动机是内在动机，若目的是争冠夺取名次，则此时的动机为外在动机。激励也有多种多样的形式存在，图 2.6 展示了激励的类型。例如对于学生来说，好的分数本身就是一种激励，鼓励他们更进一步；也有可能是师长的赞誉和表扬激励着他们取得更好的表现；当然也有可能是取得良好成绩之后家长会给予适当的经济奖励。因此，根据激励类型的不同，可以浅显地将激励分为基于金钱的激励和无关金钱的激励。

图 2.6　激励的类型

　　回归到边缘计算研究本身，激励理论的出现很大程度上解决了"我为什么帮你"这样的问题。类似的问题也曾出现于众包（Crowdsourcing）这样的形式中。前文详细描述了边缘计算的架构和计算卸载的机制，但这一切的前提是有资源富余的用户愿意构成边缘网络并参与边缘计算过程。对于普通的移动用户来说，参与边缘计算的激励来自性能的提升，如计算时间的减少和消耗能量的节省（无关金钱的激励）。对于提供资源的边缘节点来说，参与边缘计算的激励有可能是为了提升自己在网络中的声誉和影响（无关金钱的激励），也有可能是为了通过提供服务来谋求利益（基于金钱的激励）。只有网络中的各个角色觉得"有利可图"时才会积极参与并贡献力量。可以说激励机制设计是边缘网络运行的前提和基本保障，因此在边缘网络的多元化服务中研究激励机制的设计是必要且关键的。

2.2　微观信息经济学理论

2.2.1　信息经济学

信息经济学也被称为"信息与激励经济学""激励经济学"等。信息经济学与新古典经济学的最大区别就是：摒弃了新古典经济学中的"完全信息"假设。所谓"完全信息"与"不完全信息"的区别在于想得知的知识或信息是否一定能获得，若想得知的信息一定能获得则称之为"完全信息"，反之称之为"不完全信息"。也正是因为信息经济学摒弃了"完全信息"的传统，因此在这种基本假设改变的前提下催生了诸如合约理论、机制设计等新的研究领域和方向，同时也为拍卖理论、公共经济学、组织经济学等学科领域带来了新的研究框架。这种对基本假设根本性的颠覆也使得信息经济学能够迅速发展并渗透到各个新生的学科领域中。需要说明的是，与传统经济学类似，信息经济学也可以大致分为：宏观信息经济学和微观信息经济学，鉴于学识有限以及本书研究内容均为微观经济学范畴，故以下讨论主要针对微观信息经济学进行讨论。

在具有悠久历史的经济学学科领域中，信息经济学无疑是一颗冉冉升起的新星。信息经济学的产生和迅速崛起都发生在 20 世纪中后叶，在 1970 年之前经济学家们还在探索所谓的"信息"到底指什么，此时的信息经济学主要是"不完全信息经济学"，经济学家们还在积极摆脱"完全信息"假设的束缚。以乔治·斯蒂格勒（George J. Stigler，1961）为例，他在文献［172］中从信息搜索的角度探索了经济组织中的重要含义，讨论了当信息不免费时行为人的最优决策。自 1970 年乔治·阿克尔洛夫（George A. Akerlof，1978）发表了跨时代论文《"柠檬"市场：质量不确定性与市场机制》（*The market for "lemons"：Quality uncertainty and the market mechanism*）之后，信息经济学才真正地被经济学家们打开了大门，阿克尔洛夫分析了由于"不对称信息"导致的市场失灵情况。自此之后，信息经济学的大部分研究内容都围绕着"不对称信息"展开，研究在"不对称信息"场景下市场均衡将如何变化，市场效率又将作何调整。因此也有人说，信息经济学本质上是非对称信息博弈在经济学中的应用和体现。自 1970 年后的半个世纪中，有数位经济学家在信息经济学的基础上获得了诺贝尔经济学奖，以上两位也分别于 1982 年和 2001

年获此殊荣。表2.1整理了截至2020年与信息经济学相关的诺贝尔经济学奖获奖信息。

表2.1   与信息经济学有关的诺贝尔经济学奖信息

年份	姓名	获奖原因
1982	乔治·斯蒂格勒	对产业结构、市场运作和公共监管的原因和影响进行了开创性的研究
1996	詹姆斯·莫里斯、威廉·维克里	对不对称信息下激励机制经济理论的根本贡献
2001	乔治·阿克尔洛夫、迈克尔·斯宾塞、约瑟夫·斯蒂格利兹	对信息不对称市场进行了分析
2007	里奥尼德·赫维克兹、埃里克·马斯金、罗杰·迈尔森	奠定了机制设计理论的基础
2016	奥利弗·哈特、本特·霍姆斯特罗姆	对契约理论的研究

信息经济学有两个最重要的假设：私人信息和信息不对称。私人信息是指在交易过程中的某些信息是一方知道而另一方所不知的。在信息经济学研究中，通常根据谁持有私人信息将交易双方分为两类，持有私人信息的一般被称为代理人（Agent），处于信息劣势方的一般被称为委托人（Principal）。在交易过程中，有些信息代理人知道而委托人不知道（如代理人的真实心理预期价格）或委托人知道而代理人不知道（如工作的真实工作量）的性质就称之为信息不对称性。

根据迈尔森（Myerson R B，1997）中对于信息经济学研究内容的分类，可以将研究内容大致分为逆向选择和道德风险。前者指的是"代理人不说真话"的问题，后者指的是"代理人的行动超出委托人期望"的问题。另外还有更为细致的分类方法从不对称发生的时间将不对称分为"事前不对称"和"事后不对称"。研究事前不对称的称之为逆向选择，研究事后不对称的称之为道德风险。又可根据不对称信息的内容将不对称模型分为"隐藏行动模型"和"隐藏信息（知识）模型"。以委托编程任务为例，如图2.7所示，若代理人开始知道自己的能力而委托人不知道，则该问题为逆向选择问题；若委托人知道代理人的真实能力，但不知道其努力程度，则该问题为隐藏行动的道德风险问题；若委托人和代理人初始都不知道代理人的能力，而后代理人自身发现了自身能力但委托人仍然不知道，则该问题为隐藏信息的道德风险问题。

图 2.7　信息不对称问题举例

信息不对称性在边缘计算的各个场景中也有所体现，也是网络组成复杂的边缘网络的内在特征之一。因此，从信息经济学角度进行分析对边缘环境中的激励机制设计有着至关重要的作用。

2.2.2　拍卖理论

拍卖是一种广泛存在于人们日常生活之中的资源（物品、服务等）交易方式，从艺术品拍卖到司法拍卖，从无线电频谱的分配到政府采购。可以利用拍卖的属性将拍卖定义为：一种"开放的"平衡需求和供应的市场清算机制。所谓开放是指价格形成的过程是明确的，也就是说得到最终价格的规则是所有拍卖参与方了解并达成共识的。

如图 2.8 所示，拍卖可以根据不同维度进行分类。从竞拍形式可以将拍卖分为公开拍卖（Open auction）和密封拍卖（Sealed - bid auction）两种类型，在前者中所有的出价都是可以公开得知的。从叫价方式可以将拍卖分为升价拍卖（Ascending - price auction）和降价拍卖（Descending - price auction）两种类型，这两种类型都是公开拍卖类型，其中升价拍卖又称英式拍卖，其出价从低往高，是我们最为熟悉的一种拍卖形式。降价公开拍卖又称荷兰拍卖，因其广泛应用于荷兰的花卉销售过程而被人熟知，但在日常的物品竞拍中这种方式并不多见。根据最终付款规则可将拍卖分为一价拍卖（First - price auction）和二价拍卖（Second - price auction）两种类型，这两种类型都是密封拍卖类型。参与竞标的人在密封的信封中提交标书，提交最高标价的人赢得该物并支付标价。在一价拍卖中支付的即为最高标价，而在二价拍卖中支付的是次高标价，二价拍卖也被称为是维克里拍卖。根据拍卖物品的数量还可将拍卖分为单目标拍卖（Single object auction）和多目标拍卖（Multiple objects auction）两种类型。

图 2.8　拍卖形式的分类

通过以上陈述可以较为直观地归纳出在拍卖理论研究中的第一个研究重点：收入问题。具体来说，竞标者（买家）希望得到最优的竞标策略，以最少的价格赢得物品从而最小化其支出；卖家希望探索更多拍卖形式，试图寻求带来更多收入的新型拍卖方式。拍卖理论研究的第二个重点是：效率问题。一方面来说，对于整个社会群体而言，如果物品最终由最需要他的人赢得，则称之为是高效的。尤其涉及公共资产分配时，卖方可能希望选择一种形式来确保物品被有效分配，而不是获得最高收入。另一方面来说，效率也体现在该拍卖形式能否在实际应用场景快速匹配买卖双方并确定最终价格。以美国进行频谱拍卖为例，最终拍卖有数以千计的变量和百万级别的约束条件，这使得传统的维克里拍卖的结果和价格无法计算，即使理论上能够证明维克里拍卖是最优的。这种由于经济复杂性和市场复杂性带来的挑战是现代拍卖设计不可忽略的一部分。保尔·米格罗姆和罗伯特·威尔逊也因为对拍卖理论的改进和发明了新拍卖方式获得了 2020 年诺贝尔经济学奖。

在边缘环境中充斥着大量的买家和卖家。前者是渴望得到服务（可以被称为资源或物品）的移动用户，后者是资源富足的中心云、边缘云或其他用户。这种二者之间的匹配关系正是拍卖理论所解决的。在边缘环境中的资源交易过程中，卖方希望成本最小化的同时利益最大化，买方希望尽量用更少的费用享受更好的服务，这种双方之间的利益冲突正好是拍卖理论所关注的收入问题。而效率问题更是边缘网络这种异构时变网络所注重的关键问题，由于边缘用户的移动性、网络波动等造成的随机性使得双方匹配过程必须简单快捷且准确无误。因此，在边缘网络中设计高效的拍卖机制能够切实解决边缘资源交易问题，可以激励更多边缘网络设备参与边缘资源共享和服务互助，形成良好的生态环境。

2.2.3 合约理论

合约理论（Contract theory）又称契约理论或合同理论，是研究信息经济学的重要方法之一。从广义上说，合约理论研究的是正式或非正式的协议设计问题，这些协议使得利益冲突的双方采取互利互惠的行动，利用合约理论可以帮助构建老板和员工、公司和供货商之间的互动关系。从本质上说，合约理论通常在信息不对称的情况下研究如何给交易每一方以正确的激励或动机，使其有动力进行有效合作。

可以根据签订合同双方的数量关系将合约分为双边合约（Bilateral）和多边合约（Multilateral），前者是典型的一对一合约模式，即一个买家和一个卖家之间进行交易。在多边合约中通常是一对多的承包模式，即一个卖家与数个买家之间进行交易，由于参与用户数量的增加，用户间的耦合关系导致多边合约模式的复杂度陡然上升。根据合约设计考虑特征的数量可以将合约分为单维合约（One – Dimension）和多维合约（Multi – dimension）。在单维合约中，雇主只针对雇员的单一属性或特征制定合约，而在多维合约中雇主会衡量评估雇员的多项特征以制定合约。合约还可从执行次数角度被分为单次合约（One – shot）（或静态合约）和重复合约（Repeated）。显然在单次合约中双方之间的交易是一次性的，即交易历史不会影响之后合约的缔结。重复合约中面对的主要问题是如何制定长期合约及重新谈判问题。最后可以根据合约内容将合约分为完全合约（Complete）和不完全合约（Incomplete），完全合约中的条款包含了任何一种可能遇到的情况，而这恰恰是不现实的，因此不完全合约的设计逐渐成为研究热点。

利用合约理论解决问题最终所得解决方案往往是供雇员选择的合约菜单，其目标大多是最大化雇主的效用，通常这样的问题会被刻画为一个最大化问题。与常规激励机制相同的是，合约理论往往受制于两个通用的约束条件。首先是激励相容约束，该约束保证雇员在选择某一合约款项时预期报酬最大化。其次是个人理性约束，该约束保证雇员选择合约款项时的报酬大于或等于其不选择合约时的报酬。此外，在考虑合约设计时还要着重考虑另外两个约束条件：信息不对称和不完全预期性。前者的重要性在之前已经讨论过。不完全预期性主要讨论的是未来将带来什么，即不确定性对合约的影响。

在边缘环境中，用户的异构性决定了不同用户对服务的贡献值不同，针对不同类型的用户制定不同类型的定价和收益方案是多边合约的研究范畴。同时在设计合约时，合约制定方会综合考量多方面因素，这是多维合约的研究范畴。在网络条件和用户关系充满随机性的边缘网络中，既存在由于网络波动和用户移动导致的单次合约，也存在基础设备提供商和服务供应商之间的长期合作关系，如何在动态网络中设计长期合约是非常关键的。因此，在边缘网络服务中妥善利用合约理论为异构用户设计不同激励款项，既有助于激励用户参与边缘服务，也有助于激励用户在提供服务时不遗余力。

2.3 边缘智能技术

2.3.1 边缘智能综述

顾名思义，边缘智能是边缘计算和人工智能的组合形式。在传统的人工智能系统中，资源受限的设备无法承担部署学习系统的算力，而将数据传输到能力强大的云服务器使得通信开销急剧上升，从而导致系统响应延迟。同时远程传输的方式使得隐私数据更易被窃取和攻击。解决以上问题的最好方法即是在数据源处采集和处理数据，只将必要数据和参数传输到远端服务器进一步处理。边缘计算模式的推出和盛行为解决以上问题提供了新模式。随着移动设备算力的提升，人工智能系统的采集和预处理都可部署在资源富足的边缘端，从而大大减少了传输至云处理器的数据量进而降低了传输延迟。同时由于边缘设备和数据源的物理距离更近，因此数据感知处理的实时性也大为提升，减少了数据的处理延迟。去中心化的网络架构使得网络将更具鲁棒性以从容应对网络故障或攻击。表 2.2 对边缘智能系统与云中心人工智能系统进行了比较。

表 2.2　　　　　　　边缘智能系统与云中心人工智能系统对比

项目	边缘智能系统	传统人工智能
计算能力	较弱	较强
传输延迟	低	较高
可展示性	较强	较弱
隐私性	较强	较差
可靠性	较强	较差
分布密度	高	低

　　根据相关学者研究梳理后，可以将边缘计算与人工智能的结合分为两大板块：（1）利用边缘计算思想，将人工智能的感知、训练、推理、部署、应用等流程"下沉"至网络边缘，使得人工智能从物理距离上更接近数据源，可以称之为"使智能边缘化"；（2）利用人工智能算法，解决边缘计算中的资源分配、缓存调度、任务卸载等问题，使得人工智能算法成为解决边缘计算问题

的关键工具，可以称之为"使边缘智能化"。显而易见的是，前者会催生诸多新问题，如传统模型如何分割精简使得边缘端也可以轻易训练等，前者可谓是思想的融合。后者仅仅是利用新算法解决了边缘计算中的老问题，只可称为方法的改进。"使智能边缘化"中有几大关键要素，即"边缘训练""边缘推理""边缘应用"值得探讨和关注。

"边缘训练"指的是在具有一定计算能力的边缘节点处进行本地训练，最终只传输关键参数和数据从而缓解网络传输压力。在边缘训练中，边缘节点做看作是训练的核心架构，具有减少传输开销和保护隐私性的优点。边缘训练主要涉及如何进行参数更新和同步、如何进行多节点协同训练等问题。这样的分布式训练方式也催生了"联邦学习"概念，将在后文进行介绍。推理过程是指将训练模型部署在设备上，处理传入数据并得到结果的过程，可以说推理环节是初步应用阶段。"边缘推理"是指在边缘设备和节点优化训练过的模型，使得本地推理更为迅速，从而得到实时结果的过程。在进行边缘推理时最重要的问题是如何做到识别精度和推理时间的均衡。边缘推理的通常采用拆分训练模型的方法实现更快地推理。一般来说边缘推理有纵向的"端边云"边缘推理模式，也有横向的多设备协同推理模式。"边缘应用"主要是指在网络边缘部署人工智能应用场景。主要是在生产、交通、教育等场景中探索边缘智能应用如何服务于人们的日常生活。如利用边缘智能，基于视频动态实时分析对工业互联网中的生产设备进行状态研判并对故障进行预测等。图 2.9 表示了边缘训练、推理和应用之间的关系。

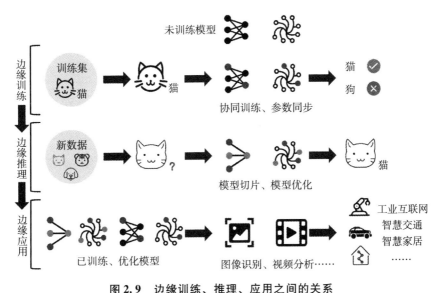

图 2.9　边缘训练、推理、应用之间的关系

2.3.2　强化学习

　　强化学习是机器学习中的一个独特领域，他关注不确定环境中的代理人如何采取行动以试图获得累计收益的最大化问题。简而言之，强化学习关注的是代理人的连续序列决定。在强化学习过程中，代理人往往采用"试错法"（Trial and Error）来提出问题的解决方案，人工智能对代理人的行动给予奖励或者惩罚以激励代理获得最大化的累积奖励。就像游戏场景一样，强化学习的设计者只需要制定奖惩策略即游戏规则，不要给模型任何解决游戏的提示或建议，代理往往从完全随机的实验开始，通过多次探索和试验最终达成目的，强化学习是目前体现机器创造力的最有效方式。与监督学习不同的是，在强化学习中不需要标记完备的数据集，也不需要纠正次优解，只需要在对未知领域的探索（Exploration）和对现有知识的利用（Exploitation）之间找到平衡。

图 2.10 所表示的是一个经典的强化学习模型。在强化学习模型中所谓代理人（Agent）即为策略制定者，环境（Environment）指的是代理人身处的世界并对代理人的行动（Action）做出回应，环境以当前状态（State）和行动为输入，以赋予代理人的报酬（Reward）和下一个状态为输出。状态（State）即为代理人当前所处环境中的具体位置，可以理解为特定地点和时刻。最终得到的策略（Policy）是根据当前状态决定的下一步行动，策略将状态和行动关联起来，代表了承诺最高报酬的行动。在强化学习中以价值（Value）表示从该状态开始执行特定政策的长期回报。在衡量长期回报时常用到的参数是折现因子（Discount factor），它体现了价值贬值的过程。通常看来强化学习的整个过程类似于一个"黑箱"，只能关注到输入和输出的信息而不知其中具体的运作方式。通常将代理人对环境的认知看作是模型（Model），模型将"状态—行动"对映射到状态的概率分布上。根据强化学习过程中是否看重对上述模型的构建还可以将强化学习分为有模型的强化学习（Model - Based）和无模型的强化学习（Model - Free），前者试图对环境进行建模并且根据建模选择最佳策略，后者仅依靠试错经验来寻求最佳策略。

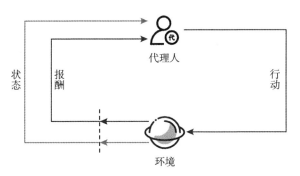

图 2. 10　经典强化学习模型

在"××学习"盛行的表述中，需要厘清几种重要"学习"之间的关系。事实上，在机器学习（Machine Learning）、深度学习（Deep Learning）和强化学习（Reinforcement Learning）之间并无明确的分界和壁垒。图 2.11 从两个层面对以上三者和三者的交融关系进行了描述。其中，经典机器学习问题利用浅层神经网络、决策树和支持向量机等方法进行已知答案的训练。当使用深层神经网络时，问题就变成了深度学习问题。深度学习模型构建是模仿的人脑结构，每一层神经网络都使用前一层的结果作为输入，整个网络被训练成一个整体。而强化学习问题只设立奖惩规则，迫使计算机自行解决问题。当使用的方法是深度学习方法时，即为深度强化学习。在深度强化学习的情况下，一个神经网络负责储存经验，从而改善任务的执行方式。对学习的分类和选择主要取决于预期解决的问题和所处的环境。在设计学习算法时并不是纯粹的一对一分类问题，而应该为了找到更有效的解决办法进行方法间的融合。

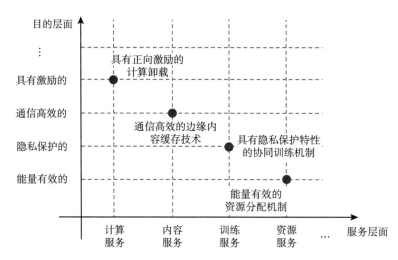

图 2.11　机器学习、深度学习和强化学习之间的关系

在强化学习过程中的主要挑战是模拟环境。环境取决于需要执行的任务，如果所需执行任务仅仅是中国象棋、国际象棋或者围棋，那所模拟的环境是相对简单的。如果执行的任务是自动驾驶，在真正投产之前模拟的真实环境是至关重要的，不仅得考虑什么时候进行刹车避免碰撞，甚至还有一些道德难题需要攻克。因此将强化学习中的模型从训练环境转为真实世界是强化学习应用中最值得思考的地方。同时还可能遇到的问题是代理可能为了报酬而优化行动，而不是为了完成任务，这是有悖于设计初衷但真实存在的情况。卡普兰尼斯等人（Kaplanis et al.，2018）还指出在强化学习过程中可能出现"遗忘现象"，即获得新知识的代价是旧知识被删除。尽管面临以上种种问题，但是强化学习似乎是最有可能使机器具有创造性的学习方式，因此强化学习有可能成为人工智能的发展方向。

2.3.3 联邦学习

如上所述,联邦学习是在边缘智能概念催生下的一种多人协同训练机制。联邦学习是一种在远程设备或独立数据中心分布式训练模型,只上传重要数据和参数最大化保证数据本地化的学习机制。这种分布式训练机制可以确保最大限度地利用可用终端设备,并且不在终端设备之间共享任何敏感数据,这有助于提高本地数据的安全性和隐私性。值得注意的是联邦学习并不是某一种特定的机器学习算法,而是一种多人协同的分布式训练机制,因此对于一般的机器学习方法来说都可将联邦学习机制应用其中,表2.3列举了常见的机器学习损失函数及其应用场景。

表2.3 不同的损失函数

名称	标准形式	应用场景
对数损失函数	$L(Y, P(Y \mid X)) = -\log P(Y \mid X)$	分类问题
0-1损失函数	$L(Y, f(x)) = 1 \quad \text{if} \quad Y \neq f(x)$	分类问题
合页损失函数	$L(Y, f(x)) = \max\{0, 1 - f(x) \cdot Y\}$	分类问题
交叉熵损失函数	$L(Y, P(Y \mid X)) = -\sum_{i=1}^{N} (y_i \log(P(y_i \mid X)) + (1 - y_i) \log(1 - P(y_i \mid X)))$	分类问题
指数损失函数	$L(Y, f(x)) = e^{-f(x) \cdot Y}$	分类问题
绝对值损失函数	$L(Y, f(x)) = \mid f(x) - Y \mid$	回归问题
平方损失函数	$L(Y, f(x)) = (f(x) - Y)^2$	回归问题
均方差损失函数	$L(Y, f(x)) = \dfrac{1}{N} \sum_{i=1}^{N} (f(x) - Y)^2$	回归问题

　　联邦学习架构往往由一个任务发布方和多个独立终端构成。在联邦学习任务开始时，任务发布方将现有模型（或参数）下发至各个参与协同训练的终端。紧接着各终端根据自己的历史数据、感知数据、模型训练经验、发布方要求等在本地进行独立训练，训练完成后将训练结果和模型参数上传回任务发布方处。最后任务发布方根据自身需求整合多个参数，并对现有模型进行更新。图 2.12 表明了一般联邦学习结构及流程。

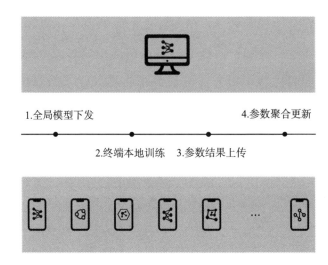

图 2.12　联邦学习结构及流程

　　联邦学习与边缘计算这种分布式计算方式面临的基本问题是一致的，主要挑战来自以下四点：高额的通信开销、异构的训练终端、有限的边缘算力和严格的隐私保护。由于在联邦学习机制中要进行模型下载和参数上传两个非常关键的步骤，因此通信过程往往是联邦学习的瓶颈之一。联邦学习网络中可能存在大量的潜在设备，在如此网络进行通信的干扰和有限的带宽资源都是增加通信成本的因素。研究联邦学习中的通信问题往往是寻求在迭代过程中传输更重要且更小的模型更新信息。可以通过减少通信次数和减少传输数据规模达到控制通信开销的目的。参与联邦学习的设备众多，而每个设备的存储、通信能力和剩余电量等都受到异构硬件影响（如受到内存、网络制式、电池尺寸等影响），同时也要考虑设计的联邦学习框架如何克服不同设备间软件的不兼容性。异构的训练终端带来的还有网络的动态性。在由诸多异构设备组成的庞大网络中，某一活跃设备突然离线或超出通信范围也给网络稳定性带来了挑战。在学习过程中最重要但也具有最显著区别的就是每个异构终端的计算能力是不同的，而且与传统的云中心相比，这些设备的计算能力非常有限。尽管联邦学习通过减少传输数据的方式尽可能地保护了用户隐私，但是上传和下载过程中的敏感数据和信息成了最易受攻击的目标。因此，总结来说联邦学习机制面临的主要问题是，如何在数据稀疏的资源受限设备上训练一个具有较好准确性的局部学习模型同时保证传输过程的高效和安全。

2.4　本章小节

本章主要梳理了边缘计算技术和本书使用的相关理论。从边缘计算的概念出发，相继介绍了计算卸载、内容缓存和激励机制技术。同时，本章节还介绍了对激励机制设计有支撑作用的微观经济学理论，涉及信息经济学、拍卖理论和合约理论。最后本章介绍了支撑边缘训练服务的边缘智能技术。边缘计算相关技术的分析和整理，为边缘网络多元化服务设计激励机制奠定了理论基础。

第 3 章

边缘内容服务中面向内容
提供商的激励机制

3.1 引　言

在移动计算和物联网时代中，边缘设备数量和处理能力的快速增长使得边缘计算在工业界和学术界都备受瞩目。得益于共享经济的概念，边缘设备可以通过分享富余资源获取些许利益。正因如此，由内容中心网络和信息中心网络发展出了边缘内容市场（Edge Content Market，ECM）。在当今这个信息爆炸的时代，边缘内容市场中的商品（即为内容）十分多样，包括文字、语音、图片、高清视频等，并且通常这些丰富多彩的内容并不是集中于某单一提供商手中，而是遍布边缘网络的各个角落。这种分布式存储方式也使得边缘内容市场中的一些用户通过分享内容服务他人来获利。与内容中心网络不同的是，在活跃的边缘内容市场中，内容提供商（Content Providers，CPs）和内容受众（Content Audiences，CAs）的身份转换是非常频繁的。由于边缘网络"近边缘、短距离、低延迟"的特性，内容受众能够在边缘内容市场中实时获取其感兴趣的内容，这也是边缘内容市场的显著优势之一。

边缘内容市场中对内容的交换和分享使得优质内容能够充分传播并扩充其影响力。除此之外，内容循环也使得某一特定内容不会因为意外而丢失，从而保证了市场的稳定性。为了使得如此的良性循环能够持续运转，激励边缘内容市场中的各个角色参与内容分享是至关重要的。也就是说，需要针对边缘内容市场中的内容提供者，设计一个有效的激励机制以促进他们提供内容服务。关于此研究一个典型的应用场景是：在大型体育赛事场馆，由于观众位置、角度等物理条件不同，一部分观众无法观赏到赛事全景。因此，可以激励位置极佳的观众向位置不佳的观众提供实时赛事图片或视频。

在边缘内容市场的激励机制设计中有三个不可忽略的因素：边缘内容时敏性、边缘用户异构性和边缘环境不确定性。在之前许多针对提升边缘计算表现的工作，某些学者利用内容缓存技术提升计算性能表现，他们用内容流行度作为指标来描述内容的特征。但是，在现实生活中，内容会随着时间的推移而更新。例如，在大型体育赛事现场，内容随时间变化，内容提供商需要尽可能地提供最新的内容以吸引内容受众的订阅。考虑时敏性的挑战在于如何阐明边缘内容时间敏感性和内容提供商利益之间的关系。因此，本章通过引入内容时效性（Age of Content，AoC）来刻画内容更新成本和时间之间的关系。内容的时间敏感性对激励机制设计的影响是通过内容提供商更新内容的成本随时间变动来体现的。

在更为早期的云计算和数据中心网络中，也有一些工作针对服务提供商设计了激励机制，但是在当时的中心式环境下，其中大多数工作都忽略了用户的异构性。即使考虑了异构性，传统研究的异构性往往体现在处理能力或存储空间不同，这属于内容受众的客观异构性。然而，特别是在考虑经济行为的边缘内容市场中，目前的工作缺少对主观的内容受众异质性的描绘。就像在沃尔玛购物一样，即使买的是同一类型的产品，不同的顾客对产品质量的需求不同，他们的心理价格预期也完全不同。本章认为每个内容受众有不同的价格感知能力、心理预期和内容质量要求，利用内容受众接受服务的概率来更全面地描述内容受众的异构性。

此外，有些内容是由某个内容提供商独家提供的，比如网飞（Netflix）独家播放的视频流，而其他内容则是所有人都可以使用的。在有竞争关系的市场环境中，内容提供商不知道其他内容提供商的决定，而市场环境本身也是可变的，比如用户之间连接过程的不稳定性。内容提供商的效用只由当前的市场状态以及内容提供商和内容受众的行动决定。这个问题可以被表述为一个马尔科夫决策过程。而强化学习是解决这类问题的一个基本框架。这是本章选择强化学习最直观的原因。同时，该问题可以被描述为马尔科夫决策过程的事实也保证了强化学习算法的性能。此外，强化学习源于试错法，与行为心理学相一致，适合本章的应用场景。

由于上述特征在边缘内容市场中是同时存在且缺一不可的，

因此在针对内容提供商设计合理的激励机制时同时考虑内容、用户和市场特征是非常具有挑战性的。因此在本章中，首先基于信息经济理论将边缘内容时敏性体现为随时间变化的内容更新成本。内容提供商可以选择不同的更新时间并设定相应的价格来吸引内容受众的订阅。其次，内容受众的异构性主要体现在他们的价格感知能力。当内容提供商提供某一内容时，内容受众以某一概率接受内容提供商的内容服务，而这个概率是与内容的质量和价格相关的。最后，考虑内容是否独家供应的，即内容提供商之间是否存在竞争关系，并依此将边缘内容市场分为垄断环境和开放环境。

本章的目的是在边缘内容市场中设计一种激励机制以保证内容提供商可以通过分享内容获取合理利益，并且激励更多用户分享高质量内容。与之前的文献相比，本章的贡献如下：

（1）从多个维度评价边缘内容特性，即流行度、质量和内容新鲜度。以此为根据，本书刻画了更为全面的边缘内容模型。

（2）通过引入信息经济理论刻画内容受众的异构性。本书将不同内容受众的内容需求和价格感知能力转化为其接受内容服务的概率。

（3）通过考虑内容是否独家，即内容提供商之间是否存在竞争将边缘内容环境区分为垄断环境和开放环境，以体现边缘环境的不确定性。

（4）在垄断环境中，构建了一个双阶段 Stackelberg 博弈模型并设计了使内容供应商利益最大化的内容更新策略；在开放环境中，设计了基于强化学习的激励机制算法（Reinforcement Learning –

based Incentive Mechanism in Open Environment，RLIMO）以获得
内容供应商的最优定价策略。

（5）仿真结果和理论证明表示，在两种不同的边缘环境中本
书设计的机制都高效地帮助内容提供商获取最大收益。

本章节的其余部分安排如下。在 3.2 节中，介绍了 ECM 的
网络架构、内容供需模型和成本—收益函数。在 3.3 节和 3.4 节
中，本书分别针对垄断和开放环境设计了激励机制。在前者中，
利用斯塔克尔伯格博弈（Stackelberg Game）得出最优更新策略及
定价策略；在后者中，通过强化学习算法获取价格策略。最后
3.5 节验证了本书所提机制的有效性和优越性。最后，3.6 节对
本章进行了总结。

3.2 网络和系统模型

本节将介绍边缘内容市场的构成和运作方式。我们将重点讨
论信息经济时代边缘内容的特点，其中最重要的是内容的流行度
和内容的新鲜度，后者体现了内容的时敏性。此外，还将介绍内
容市场中内容提供商的效用模型，其中重点引入了内容受众异构
性对内容提供商效用的影响。

3.2.1 内容市场模型

如图 3.1 所示，在边缘内容市场中充斥着大量的内容持有者

和消费者。我们将内容卖家称之为内容提供商（Content Provider，CP），他们通过为买家提供内容服务并收取适当的费用来实现利益增量。相应地，我们将内容买家称之为内容受众（Content Audiences，CA），他们通过购买内容获得信息使自己的精神和物质需求得到满足。与传统的内容市场明显不同的是，边缘内容市场的内容提供商可能是具有强大存储能力的云服务器也可能是存储能力十分有限的移动设备。

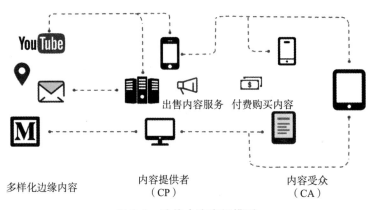

图 3.1　边缘内容市场模型

值得注意的是，本章中提到的边缘内容市场指的是参与角色（内容提供商和内容受众）主要分布在网络边缘的场景，本工作主要关注理性个体之间的内容交易行为。这种场景在现在和将来都非常具有代表性且有很乐观的应用愿景。例如，在一场大型音乐会或体育赛事中，门票费用高、位置好的观众可以看到更清晰、更全面的演出或赛事画面，但位置不佳的观众由于距离或角度问题无法观看全景。那么前者可以用他们拍摄的内容来换取一定的利润，而后者则通过购买内容来满足自己的物质和精神需求。

我们采用3元组（f, pop, q）来刻画内容 n 的特性，其中 f 用来描述新鲜度，pop 表示流行度，q 代表内容 n 的质量（如视频的分辨率、音频信噪比等）。当卖方接受买方的请求时，他将根据所请求内容的新鲜度、受欢迎程度和质量向买方报价。如果买方同意当前的价格，他将购买内容，否则交易将被取消。表 3.1 列出了本章使用的数学符号及其物理意义。

表 3.1　　　　　　　本章使用的数学符号及其物理意义

数学符号	物理意义
N	边缘内容的数量
f_n/AoC	内容 n 的新鲜度
pop_n	内容 n 的流行度
q_n	内容 n 的质量
$p(t, k, q)$	内容的价格
$p(t)$	内容新鲜度决定的内容价格
$p(k)$	内容流行度决定的内容价格
$p(q)$	内容质量决定的内容价格
a	内容流行度分布调节参数
t_{cu}	当前时刻
t_{lu}	内容上次更新时刻
Δt	内容更新时隙
$k(\Delta t)$	Δt 时间段内某内容请求数
$K(\Delta t)$	Δt 时间段内所有内容请求总数
$f(t)$	内容新鲜度函数，即时间 – 更新成本函数
$C_{n,t,acce}$	内容 n 在时间 t 的获取成本
$C_{n,t,tran}$	内容 n 在时间 t 的传输成本

数学符号	物理意义
$Cost_n$	内容 n 的服务总成本
$C_{n,0,acce}$	内容 n 的初始化获取成本
$C_{n,0,tran}$	内容 n 每单位数据大小所需的传输成本
$Pro_{n,q}$	内容受众 CA 接受内容服务的概率
P_{thre}	内容受众 CA 的心理价格上
γ	内容受众 CA 的内容质量感知能
$U_{n,t,q}$	内容提供商 CP 的效用（利润）
S^*	垄断环境下的最优更新策略
CP	开放环境下的内容提供商集合
S	开放环境内容提供商数量
C	开放环境内容受众数量
Ω	开放环境下市场状态空间
A	开放环境下内容受众行动空间
F	开放环境下状态转移概率
ω	开放环境下当前市场状态
ζ	开放环境下的贴现因子
π_s^*	开放环境下的内容提供商的最优价格策略
ϵ	强化学习学习率
λ	强化学习探索率

3.2.2　流行度模型

一般来说，内容流行度反映了某一内容在网络中被请求的频率。在本章的研究中，我们假设边缘内容市场中共有 N 个内容，且他们拥有不同的流行度。我们将内容 n 在时刻 t 的流行度表示为该内容被请求的概率 pop_n。事实上，在内容市场初始状态（t_0

时刻），每个内容的流行度服从 Zipf 分布，其数学模型如下：

$$pop_n(t_0) = \frac{1/n^\alpha}{\sum\limits_{n=1}^{N} 1/n^\alpha} \tag{3.1}$$

其中，α 是一个正值，表示分布曲线的陡峭程度。随着时间的推移和请求数量的增加，内容 n 在时刻 t 的流行度被刻画为如下形式：

$$pop_n(t) = \frac{N \cdot pop_n(t_o) + k(\Delta t)}{N + K(\Delta t)} \tag{3.2}$$

其中，$k(\Delta t)$ 是内容 n 在 Δt 时间内的请求次数，$K(\Delta t)$ 是 Δt 时间内所有内容的总请求次数。

3.2.3　新鲜度模型

信息寿命（Age of Information，AoI）常被用来描述某一对象对某过程或实体了解的及时性。与之类似，我们引入内容寿命（Age of Content，AoC）作为评价指标来反映边缘内容市场中内容的新鲜度。我们将其定义为在当前时间更新某内容的成本。对于某个特定内容来说，高新鲜度意味着该内容时常被更新，上次更新距今时间不长，更新成本也会相应较低。反之，一个长期未被请求和更新的内容被认为是不新鲜的。一般来说，内容的更新成本会随着时间的推移而增加。

根据定义，AoC 只与该内容最后更新时刻和当前时刻有关。更确切地说，AoC 只与更新时间间隔有关，即：

$$x = t_{cu} - t_{lu} \tag{3.3}$$

其中，t_{cu} 是当前时刻，t_{lu} 是内容上次更新的时刻。内容的新鲜度

AoC 可由下式求得：

$$AoC = \int_{t_{lu}}^{t_{cu}} f(t)\,dt \qquad (3.4)$$

内容更新成本 AoC 可以被解释为当内容本身发生变化时需要进行更新，并且两个版本之间的差异决定了更新的成本。大多数情况下，两个版本之间的差异会随着时间的推移而增加，例如比赛赛况随时间推移瞬息万变，科幻小说随着时间的推移而更新等。但是值得注意的是，不同的内容具有不同的时间敏感性，这也导致了不同内容的 AoC 大不相同。在激烈的体育赛事中，赛事内容更新频率很高，因此如果最后一次更新与当前的间隔很长，则更新成本将大大增加。然而，对于一些时间不敏感的内容，如小说的内容，更新成本的变化是比较小的。总之，在边缘内容市场，时间－成本函数 $f(t)$ 是单调递增且大于 0 的，即更新内容的成本会随着时间的推移而增加。同时，不同的内容会有不同的时间－成本函数。我们在图 3.2 中显示了一些不同形式的时间－成本函数。

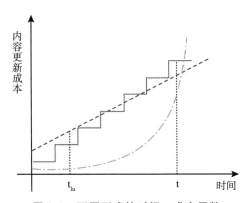

图 3.2　不同形式的时间－成本函数

3.2.4　内容提供者效用模型

这一节中，我们将针对内容提供商储存和分发内容的定价方案进行设计。我们考虑一个一般的定价策略，其中特定内容的价格取决于内容的新鲜度、流行度和质量。根据前面的分析，新鲜度和流行度与时间 t 和请求数 k 有关。这意味着，价格取决于时间、请求数和内容本身。因此，我们采用一个 3 元组 p(t，k，q) 来表示在时间 t 对质量为 q 的内容提出第 k - th 次请求的价格。内容提供商针对某一内容的成本主要包括获取成本和传输成本，即：

$$\mathrm{Cost}_n = C_{acce} + C_{tran} \tag{3.5}$$

其中，获取成本 C_{acce} 主要由内容的流行度和新鲜度决定，而传输成本 C_{tran} 取决于内容的质量（如，高分辨率的视频传输成本更大）。

随着内容的普及，内容将在市场中广泛传播，此时随着持有该内容的用户数量的增加，内容提供商获取（自行制作或从别人处获取）该内容的成本也将降低。由于内容提供商希望能够通过提供内容服务来获取利润，因此他们更愿意存储流行度高的内容。此外，内容的质量往往与内容的数据大小成正比。根据以上特性，我们将获取成本和传输成本定义如下：

$$C_{n,t,acce} = C_{n,0,acce}\,\mathrm{pop}_n(t)^{-1} + \mathrm{AoC}$$

$$C_{n,t,tran} = C_{n,0,tran}\,q \tag{3.6}$$

其中，$C_{n,0,acce}$ 是内容 n 的初始化获取成本，$C_{n,0,tran}$ 是内容 n 每单位数据大小所需的传输成本。

在介绍内容提供商的效用之前，我们需要考虑边缘内容市场的一个重要因素，那就是内容受众的异构性。不同的内容受众对内容质量需求不同、拥有不同的价格敏感度和内容感知能力，这将影响他们的决策，同时也会影响内容提供商的最终利润。根据张（Zhang Y C，2005）的研究，我们认为内容受众将通过一定的概率来决定是否接受某个内容提供商提供的服务。这种概率行为主要是由内容提供商和内容受众之间的信息不对称造成的。这种信息不对称具体体现在内容受众收到内容之前没有能力分辨内容的真实质量。内容受众接受服务的概率是由内容的质量和内容提供商提出的价格决定的。当内容提供商为内容标价为 p(t，k，q) 时，内容受众接受服务并购买内容的概率为：

$$\mathrm{Pro}_{n,q} = \left(1 - \frac{p(t,\ k,\ q)}{p_{\mathrm{thre}}} \right) \left(\frac{q}{p(t,\ k,\ q)} \right)^{\gamma} \tag{3.7}$$

其中，p_{thre} 是内容受众能够承受的心理预期价格，γ 是内容受众评估质量信息能力的参数。信息感知能力取决于内容受众是否有购买服务的经验，同时取决于内容受众感知信息的能力和努力。这些变量之间的关系如图 3.3 所示。

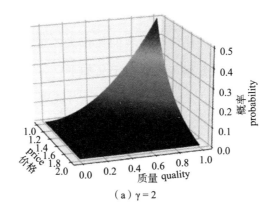

（a）$\gamma = 2$

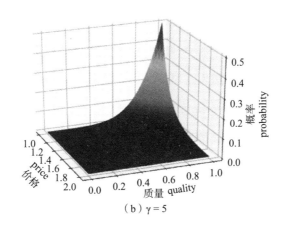

（b）γ = 5

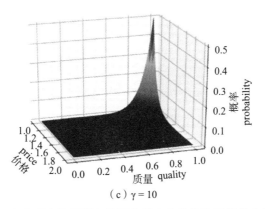

（c）γ = 10

图 3.3　内容受众接受服务的概率随内容价格和质量的变化关系

从图 3.3 中不难看出，当 $\dfrac{q}{p(t,\ k,\ q)}$ 增加时，接受服务的概率明显增加。此外，随着 γ 的增加（即内容受众感知信息能力的增加），曲线变得更加陡峭，这表明当内容受众对该内容具有很强的感知能力时（对该内容更熟悉），质量与价格的比例将更加重要。

此时我们刻画内容提供商提供服务所能获取到的效用模型。内容提供商的目标是根据内容受众的需求对内容进行存储和分发，并对内容服务制定合理的价格以获取最大利益。其效用模型采取"收入—成本"的模式，收入即为其制定的价格，成本即为获取和传输内容的成本。用"收入—成本"乘以内容受众接受服务的概率即为内容提供商的期望效用。具体表现为：

$$U_{n,t,q} = Pro_{n,q}(p(t,k,q) - Cost_n) \tag{3.8}$$

3.3 垄断环境下的激励机制

在现实的边缘内容市场中，有些商品（内容）是由单一卖家（内容提供商）独家提供的，例如网飞（Netflix）拥有一些视频内容的独家电视播放权。这种由单一供应商提供商品的模式可以称为垄断模式。在本节中，我们将研究单一内容提供商主导边缘市场的情况。内容提供商可以根据内容受众的类型和要求收取不同的价格从而追求更高的利润。

3.3.1 Stackelberg 博弈模型

我们将内容提供商和内容受众之间的交互行为刻画为一个双阶段 Stackelberg 博弈模型，以此来分析并获得最佳的定价方案，博弈模型如图 3.4 所示。

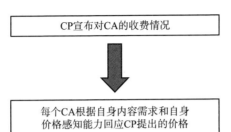

阶段1

阶段2

图 3.4　双阶段 Stackelberg 博弈模型

具体来说，在第一阶段，内容提供商宣布一个付款方案 p(t, k, q) 以使其效用最大化。

$$\text{CP：} \max_{p(t,k,q)} U_{n,t,q}$$

$$\text{s. t. } U_{n,t,q} > 0 \quad p(t, k, q) \geqslant \qquad (3.9)$$

在第二阶段，每个内容受众根据自己对内容的感知能力和需求，对内容提供商制定的价格予以回应。显然对于每个内容受众而言，他们希望用更少的钱获得更优质的服务和质量更好的内容。

$$\text{CA：} \min p(t, k, q) \qquad (3.10)$$

在分析内容受众和内容提供商的最优策略之前，我们首先将 p(t, k, q) 分解为以下三个部分：

$$p(t, k, q) \triangleq p(t) + p(k) + p(q) \qquad (3.11)$$

其中，p(t)、p(k) 和 p(q) 分别是与内容的新鲜度、流行度和质量有关的价格。

对于每个内容受众来说，对购买内容提出需求后，唯一可以控制的是购买时间，因此他的最优策略是找到一个使自己利益最大化的价格 $p(t)$。直观地说，内容受众似乎只关心关于 $p(t)$ 的最优策略。根据公式（3.7），内容提供商设定的 $p(q)$ 会影响内容受众接受服务的概率，进一步影响其效用。因此，一个内容提供商不仅需要考虑内容受众关于 $p(t)$ 的最优策略，还需要根据内容受众的需求内容质量来优化 $p(q)$。至于 $p(k)$，完全取决于网络中其他内容受众在同一时期的行为。

3.3.2 内容受众最优策略

对于每个内容受众来说，要么选择不购买内容，要么选择在当前时刻 $'t'_{cu}$ 购买内容。对于内容受众来说，不同的购买时间带来的好处是节省了自我更新内容的成本。因此内容受众愿意为内容承担的支付金额是，在'0'时刻购买内容后的自我更新成本减去在 $'t'_{cu}$ 时刻购买内容后的自我更新成本。这个收益是内容受众愿意承担的支付金额。根据 AoC 的定义，支付的金额由以下公式给出：

$$p(t)^*_{CA} = \int_0^{t_{cu}} f(t)\,dt - \int_0^{t_{cu}-t_{lu}} f(t)\,dt \qquad (3.12)$$

其中，t_{lu} 是内容最后一次更新（上一次更新）的时间节点。如图 3.5 所示，面积 S1 代表内容受众在 t 时间购买内容时需要承担的自我更新成本，面积 S1 + S2 代表从 0 时刻起到 t 时刻的自我更新成本，则面积 S2 即为内容受众愿意承担的费用 $p(t)$。

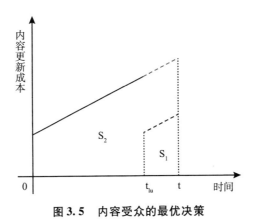

图 3.5　内容受众的最优决策

3.3.3　内容提供商最优策略

当内容受众对 $p(t)$ 的最优策略确定后，内容提供商获得的最优效用 $U_{p(t)}^*$ 完全取决于其更新成本 AoC。因此，我们将原来的问题，即内容提供商设计一个定价机制以使效用最大化问题，转化为寻找一个更新策略 S^* 以最小化其更新成本 AoC 问题。

$$CP: \min_{S^*} AoC \tag{3.13}$$

一般来说，对于内容提供商存在一个最小更新间隔 Δt，这意味着内容提供商至少每隔 Δt 时间更新一次，这种设定解决了无休止更新造成的资源浪费问题也更符合实际情况。通过将连续价格问题转换为离散策略问题，我们可以得到以下结论：

定理 3.3.1　为了使内容提供商的效用 $U_{p(t)}$ 最大化，最优更新策略 S^* 是尽可能地多更新。在这种情况下，最优价格是 $p(t)^* = \int_0^{t_{cu}} f(t) \, dt - \int_0^{t_{cu}-B\Delta t} f(t) \, dt$，其中 $B = \left\lfloor \dfrac{t}{\Delta t} \right\rfloor$。

证明：在公式（3.13）的基础上，我们试图找到一种更新策略，使 0 到 t_{lu} 之间的 AoC 最小。由于更新区间 Δt 的存在，t_{lu} 必须是 Δt 的整数倍，即 $t_{lu} = M\Delta t$，其中 M 是一个正整数。如果只有一次更新，则更新时间为 t_{lu}，此时的 AoC 可由 $AoC_1 = \int_0^{M\Delta t} f(t)\, dt$ 计算。

如果在时间 t_{lu} 内有两次更新，那么另一次更新时间是 $m\Delta t$，其中 m 是小于 M 的正整数。这种情况下的 AoC 是 $AoC_2 = \int_0^{m\Delta t} f(t)\, dt +$

$\int_0^{M\Delta t - m\Delta t} f(t)\, dt$。在上述两种情况下，AoC 之间的差异如下：

$$AoC_1 - AoC_2 = \int_{m\Delta t}^{M\Delta t} f(t)\, dt - \int_{m\Delta t}^{M\Delta t} f(t - f(m\Delta t))\, dt \quad (3.14)$$

由于 $AoC_1 - AoC_2 > 0$，我们可以得出结论：在 $t_1 u$ 时间内，进行两次更新的成本小于一次更新的成本。通过类比，我们可以推导出以下结论：CP 在 t_{lu} 时间内使 AoC 最小化的最佳策略是更新 M 次，即 CP 在每 Δt 时刻都更新内容。则最佳策略下的 AoC 是 $AoC^* = M\int_0^{\Delta t} f(t)\, dt$。图 3.6 中所示的阴影部分分别对应 AoC_1、AoC_2 和 AoC^*。

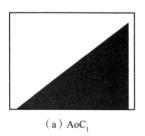
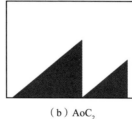
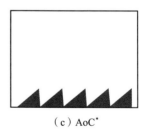

（a）AoC_1 （b）AoC_2 （c）AoC^*

图 3.6　不同更新策略下的 AoC

在我们得到 0 到 t_{lu} 之间的最优更新策略后，下一步我们需要找到最优 t_{lu} 的时刻。

当更新间隔为 Δt 时，内容在 t_{cu} 时间内最多可以更新 B 次，其中 $B = \lfloor \frac{t}{\Delta t} \rfloor$。假设内容提供商在 $B\Delta t$ 进行最后一次更新，即距离时刻 t 的最后一次更新时间，此时的效用为：

$$U_{p(t)1} = \int_0^{t_{cu}} f(t) dt - \int_0^{t_{cu} - B\Delta t} f(t) dt - B \int_0^{\Delta t} f(t) dt \quad (3.15)$$

若最后一次更新发生在 $(B-1)\Delta t$，则效用为：

$$U_{p(t)2} = \int_0^{t_{cu}} f(t) dt - \int_0^{t_{cu} - (B-1)\Delta t} f(t) dt - (B-1) \int_0^{\Delta t} f(t) dt$$

$$(3.16)$$

以上两种情况的效用差异为：

$$U_{p(t)1} - U_{p(t)2} = \int_{t_{cu} - B\Delta t}^{t_{cu} - B\Delta t + \Delta t} f(t) dt - \int_0^{\Delta t} f(t) dt \quad (3.17)$$

根据定积分中值定理，我们可以将上式转换为：

$$U_{p(t)1} - U_{p(t)2} = [f(\xi_1) - f(\xi_2)] \Delta t \quad (3.18)$$

其中，$(t_{cu} - B\Delta t) \leqslant \xi_1 \leqslant (t_{cu} - B\Delta t + \Delta t)$ 且 $0 \leqslant \xi_2 \leqslant \Delta t$。由于 $f(x)$ 是单调递增的，所以 $U_{p(t)1} - U_{p(t)1} > 0$。通过类推，我们可以得出结论：最优的 t_{lu} 时刻是 0 到 t 时间内最后的可更新时间点。

综上所述，内容提供商的最优更新策略 S^* 是在时间 t 内尽可能地多更新，此时的最优价格策略 $p(t)^* = \int_0^{t_{cu}} f(t) dt - \int_0^{t_{cu} - B\Delta t} f(t) dt$。

除了 $p(t)$ 之外，内容提供商还可以通过调整 $p(q)$ 来改变其效用。根据公式（3.7）和公式（3.8），受 $p(q)$ 影响的效用 $U_{p(q)}$ 可以表示为：

$$U_{p(q)} = \left(1 - \frac{p(q)}{p_{thre}}\right)\left(\frac{q}{p(q)}\right)^{\gamma}(p(q) - C_{n,0,tran}q) \qquad (3.19)$$

直观来看，在内容受众有一定的内容质量要求的情况下，随着 $p(q)$ 的增加上式右侧的第一项随之减少，第二项随之增加。通过定量分析，我们可以得到以下结论：

定理 3.3.2 为了使内容提供商的效用 $U_{p(q)}$ 最大化，最优价格 $p(q)^*$ 是 $\frac{dU_{p(q)}}{dp(q)} = 0$ 的根。

证明： $U_{p(q)}$ 关于 $p(q)$ 的一阶和二阶导数分别为：

$$\frac{dU_{p(q)}}{dp(q)} = \left(-\frac{1}{p_{thre}}\right)\left(\frac{q_n}{p(q)}\right)^{\gamma}(p(q) - C_{n,0,tran}q_n) + \left(1 - \frac{p(q)}{p_{thre}}\right)\left(\frac{q_n}{p(q)}\right)^{\gamma}$$

$$+ \left(1 - \frac{p(q)}{p_{thre}}\right)(p(q) - C_{n,0,tran}q_n)q_n^{\gamma}(-\gamma)p(q)^{-\gamma-1}$$

$$= \left(\frac{q_n}{p(q)}\right)^{\gamma}\left(\frac{C_{n,0,tran}q_n}{p_{thre}} + 1 - \gamma - \frac{C_{n,0,tran}q_n\gamma}{p_{thre}}\right)$$

$$- \frac{2p(q)}{p_{thre}} + \frac{C_{n,0,tran}q_n\gamma}{p(q)} + \frac{p(q)\gamma}{p_{thre}} \qquad (3.20)$$

$$\frac{d^2U_{p(q)}}{dp(q)^2} = \left(\frac{q_n}{p(q)}\right)^{\gamma} - \frac{2}{p_{thre}} + \frac{\gamma}{p_{thre}} - \frac{C_{n,0,tran}q_n\gamma}{p(q)^2}$$

$$- \frac{C_{n,0,tran}q_n\gamma}{p(q)} - \frac{\gamma}{p(q)} + \frac{\gamma^2}{p(q)} + \frac{C_{n,0,tran}q_n\gamma^2}{p(q)p_{thre}}$$

$$+ \frac{2\gamma}{p_{thre}} - \frac{C_{n,0,tran}q_n\gamma^2}{p(q)^2} - \frac{\gamma^2}{p_{thre}} \qquad (3.21)$$

由于二阶导数的存在，我们可以通过求解一阶导数等于 0 来找到极值。由于 CP 和 CA 的个体理性，最优价格 $p(q)^*$ 应该满足 $0 \leqslant C_{n,0,tran}q_n \leqslant p(q)^* \leqslant p_{thre}$。通过简化式 (3.20)，我们可以

将 $\dfrac{dU_{p(q)}}{dp(q)} = 0$ 转化为下式：

$$\dfrac{dU_{p(q)}}{dp(q)} = 0$$

$$\Rightarrow (\gamma - 2)p(q)^2 + (1 - \gamma)(C_{n,0,tran}q_n + p_{thre})p(q) + p_{thre}C_{n,0,tran}q_n\gamma = 0$$

此处 $\delta = (1 - \gamma)^2(C_{n,0,tran}q_n + p_{thre})^2 - 4(\gamma - 2)(p_{thre}C_{n,0,tran}q_n\gamma)$，

可化简为 $\delta = (1 - \gamma)^2(C_{n,0,tran}q_n - p_{thre})^2 + 4C_{n,0,tran}q_np_{thre} > 0$，因此

$\dfrac{dU_{p(q)}}{dp(q)} = 0$ 一定拥有两个不等实根且 $p(q) = \dfrac{-\Theta \pm \sqrt{\delta}}{2(\gamma - 2)}$，其中 $\Theta =$

$(1 - \gamma)(C_{n,0,tran}q_n + p_{thre})$。将得到的结果代入式（3.19），使得效用更大的价格就是最优价格 $p(q)^*$。

在垄断市场环境中，内容受众请求的内容只由一个内容提供商提供。对于任意内容受众来说，由于边缘网络的特性使得其信息有限。他无法获知同一时间段内有多少其他内容受众请求相同的内容，而这个信息内容提供商是可以确切得知的。同一时间内对某一内容的请求数量会影响到内容的流行度，进而影响到获取该内容的成本，内容提供商会根据获取成本确定价格 $p(k)$。虽然这个过程是由内容提供商主导的，但是内容受众可以知道在 t 时间内的最坏情况，即只有他一个人请求这个内容，在这种情况下，所需的获取成本是最高的。因此，由内容提供商提出的价格 $p(k)$ 有一个上限。

定理 3.3.3　为了在内容受众能够容忍的范围内尽可能地提高效用 $U_{p(k)}$，CP 提出的最佳价格是 $p(k)^* = C_{n,0,acce}\dfrac{N + K}{N \cdot pop_n(t_o) + 1}$，其中，$K$ 是时间段内边缘内容市场关于内容的总请求数。

综上所述，在垄断市场环境下，CP 的最优价格策略可由 $p(t, k, q)^* = p(t)^* + p(k)^* + p(q)^*$ 得到，这符合垄断市场的规律和特点。此外，在边缘内容市场中，仍有一部分内容是由多个 CP 同时提供的。我们将在下一节分析开放市场环境下 CP 的价格策略。

3.4 开放环境下的激励机制

在本章中，开放环境是指多个内容提供商在边缘内容市场同时提供内容服务。这种环境与垄断环境的最大区别是内容提供商之间存在竞争。内容受众可以根据内容提供商提供的内容质量和建议的价格来选择合适的内容提供商。因此，对于某个特定内容提供商来说，只有制定合适的价格才能在内容提供商的竞争中获胜。在本节中，我们首先使用博弈模型来描述边缘内容市场中内容提供商的竞争行为，然后采用强化学习方法来分析该问题。

3.4.1 博弈模型

我们假设每个内容提供商的行动（提出价格）满足马尔可夫决策过程（Markov Decision Process，MDP）的特征，也就是说，内容提供商的效用只与当前的市场状态和行动有关。在下一个时刻内容提供商会移动到一个新的市场状态，其状态转移概率只取决于之前的状态和所选择的行动。这个过程在时间迭代中重复进行。

　　值得注意的是，内容提供商在任何时候能够观察到的信息是有限的。当前的市场状态和自己采取的相应行动是已知的，而其他竞争者采取的行动是不可得的。因此，我们利用随机博弈模型刻画内容提供商之间的竞争行为。我们将随机博弈定义为一个五元组 $G = (CP, \Omega, A, U, F)$，其中，CP 是博弈玩家（内容提供商）集合，$\Omega$ 是边缘内容市场状态空间，A 是行动空间，U 代表着内容提供商的效用，F 是状态转移概率。

　　我们假设在边缘内容市场中有 S 个内容提供商和 C 个内容受众，内容提供商是博弈过程中的参与者，其任务是同时报价。在任何 t 时刻，内容受众 c（agent）的行动空间（action space）A 是根据内容提供商 s 为内容 n 提出的价格 $p_n(t)$ 选择合适的内容提供商。当前的市场状态（current market state）是不同内容提供商在时间 t 为内容 n 的报价集合 $\omega = [p_{1,n}(t), \cdots, p_{s,n}(t)]$。因此，$F(\omega \mid \omega', p_n(t))$ 是内容提供商报价为 $p_n(t)$ 时状态从 ω 转移到 ω' 的状态转移概率（state transition probability）。显然，内容提供商的目标是找到一个最佳的价格策略 $\pi_s^* = (\pi_1^*, \cdots, \pi_N^*)$ 使得初始状态为 ω 时，时间 t 内他在所有市场状态下的贴现累积效用最大化，这被称为状态 – 价值函数：

$$V_s(\omega, \pi_s) = \mathbb{E}\left\{ \sum_{t=0}^{\infty} \zeta U_s \mid \pi_s, \omega_0 = \omega \right\} \tag{3.22}$$

其中，ζ 是用于调整未来效用对当前行动影响的贴现因子。

　　最佳状态 – 价值函数可表示如下：

$$V_s^* = \max_{\pi_s} V_s \tag{3.23}$$

3.4.2 基于强化学习的算法设计

值得注意的是，内容提供商之间不能产生互动，因此每个内容提供商只知道自己在开放环境中的行动。换句话说，每个内容提供商的状态转换概率和状态值函数都是未知的。在本节中我们将利用一个典型的强化学习（Reinforcement Learning，RL）算法，即 Q‑learning 算法来解决这个随机博弈问题。

通常情况下，Q‑Leaning 是一种解决单代理人强化学习问题的方法，不能反映内容提供商之间的竞争关系。然而，我们通过改变视角来体现内容提供商之间的竞争。也就是我们设计的算法从内容受众的角度选择具有不同报价的内容提供商。直观地说，内容受众是代理人，他的行动是根据当前的市场状态选择一个可接受的价格。而当前的市场状态是不同的内容提供商为内容报价的集合，因此内容提供商是这个系统中的一个"隐藏"代理人，他的行动是为当前的内容报价。我们从这个角度出发将 Q‑learning 算法应用于此来描述内容提供商之间的竞争关系。

内容提供商的 Q‑function 被定义为从 ω 的状态以行动 $p_n(t)$ 为开始，然后遵循策略 pi 的预期累积报酬：

$$Q^{\pi_*}(\omega, p_n(t)) = \mathbb{E}\left\{ \sum_{t=0}^{\infty} \zeta U_s \,\middle|\, \omega_0 = \omega, a_0 = p_n(t), \pi_s \right\}$$

$$(3.24)$$

我们可以将最优 Q‑function 定义为：

$$Q^*(\omega, p_n(t)) = \max_{\pi_*} Q^{\pi_*}(\omega, p_n(t)) \qquad (3.25)$$

我们现在的目标是获得最优 Q – function，Q – function 可以通过使用递归方法获得。

$$Q_{t+1}(\omega,\ p_n) = Q_t(\omega,\ p_n(t)) + \epsilon [U_s + \zeta \max Q_t(\omega',\ p_n(t)')$$
$$- Q_t(\omega,\ p_n(t))] \tag{3.26}$$

其中，ϵ 是强化学习的学习率。在开放市场环境中，内容提供商的 Q – value 更新过程如下。首先，在初始状态下，内容提供商根据公式（3.7）计算出当内容提供商采取不同的行动时（即提出不同的价格时）用户的服务概率和相应的利润（效用）。然后，内容提供商根据公式（3.26）更新他的 Q 值，并选择使 Q 值最大化的行动作为当前的最佳策略。最后，内容提供商重复这个过程，直到所有的状态都被遍历。此外，我们引入了强化学习探索率 λ，这样内容提供商就可以以一定的概率采取随机行动，实现探索（Exploration，即进行全局搜索，避免局部最优）和开采（Exploitation，即在当前值附近搜索，使得快速收敛）之间的均衡。基于这个过程，我们提出了开放环境下基于强化学习的激励机制（Reinforcement Learning – based Incentive Mechanism in Open Environment，RLIMO），RLIMO 的详细步骤如算法 3.1 中所述。

算法 3.1：开放环境下基于强化学习的激励机制算法 RLIMO

    Input：内容质量需求 q，CA 信息感知能力 γ，内容受众心理预期价格 p_{thre}，Q – learning 相关参数，最大忍耐时间 T

Output：最终市场状态 ω，最优行动策略 π_s

1　　/ * 初始化 * /；

2　　设置时间相关参数 t = 0；

3　　设置内容受众相关参数 q，γ，p_{thre}；

4　　设置学习算法相关参数 ζ，ϵ，λ

```
 5    for s = 1 to S do
 6        初始化 Q – value 和初始状态；
 7    end
 8    / * 主循环 * /；
 9    while t < T do
10        for s = 1 to S do
11            内容提供商根据 λ 和当前策略进行报价；
12            产生一个 0 到 1 的随机数 r；
13            If r > λ
14                内容提供商在其行动空间中随机选择一个报价；
15            end
16            else
17                跟随当前策略进行报价；
18            end
19            计算服务概率；
20            更新收益；
21            更新 Q – value；
22            更新策略空间；
23            t + = 1；
24            ω = ω( t + 1 )；
25        end
26 end
```

对于 RLIMO 算法，输入是市场状态，输出是该状态下的最优策略（建议的最优价格）。算法的时间复杂度是 $O(S|\omega|^{|A|})$，取决于内容提供商的数量、行动空间大小和状态空间大小。在我们提出的算法中行动空间是内容受众对内容提供商的选择空间，因此行动空间大小与内容受众、内容提供商的数量有关，而状态空间与内容提供商提出的价格有关。然而，价格 $p_n(t)$ 是连续变量，这将导致状态空间无限大，并进一步导致算法不能收敛。因此，为了使所提出的机制能够有效地应用于实际场景，我们假设本算

法中的价格 $p_n(t)$ 满足以下约束条件：

$$p_n(t) \in Z \text{ and } Cost < p_n(t) < p_{thre} \qquad (3.27)$$

其中，Z 是整数集。这个约束条件将 $p_n(t)$ 限制为一个大于成本、小于内容受众阈值价格的整数。尽管做了一些取舍，但我们所提算法还是具有一定的应用价值。

3.5　性　能　评　估

在本节中，我们将通过仿真实验来评估我们提出的激励机制在两种环境中的表现。由于在垄断环境中的激励机制设计来源于理论推导，因此我们主要通过设置不同场景来验证我们提出策略的正确性和稳定性。在开放环境中，我们从收敛性、稳定性和有效性等方面评估基于强化学习的算法（RLIMO）。我们在配备16GB 内存，CPU 为 Intel Xeon(R) Gold 6138 的计算机上使用 Python 3.7.5 进行仿真实验。

3.5.1　垄断环境中的性能评估

在本节实验中，我们考虑最小更新间隔 Δt 为 2s，当前时间 t 为 9s 的情况。我们将内容质量 q 和内容受众的信息感知能力 γ 分别限定在（0，1]和（0，10）范围内。

不同更新策略的比较。为了验证定理 3.3.1，我们首先比较不同更新策略下的性能表现。当时间成本函数 $f(t) = t$ 时，我们对表3.2中的五个案例进行了比较，结果如图3.7所示。将案例2和案例3（或案例4和案例5）进行比较比较，虽然更新次数不同，但最后更新时间在两种情况下是一样的。因此在案例2和案例3中（或案例4和案例5中），内容提供商设定的价格是一样的。但更新次数的不同导致内容提供商在案例3的效用高于案例2时的效用。这种差异说明了在时间 t_{lu} 内的最佳策略是内容提供商尽可能多地更新。

表3.2 不同更新策略的情况说明

情况编号	更新策略
案例1	只在 t＝2s 时更新一次
案例2	只在 t＝4s 时更新一次
案例3	在 t＝2，4s 时更新两次
案例4	在 t＝4，6s 时更新两次
案例5	在 t＝2，4，6s 时更新三次

通过上述结果分析，我们得到了 t_{lu} 时间内中的最优更新策略。接下来我们将探讨 t_{lu} 的选择对内容提供商效用的影响。在当前时间为 t＝9s，最小更新间隔 $\delta t＝2s$ 时，可选择的 t_{lu} 有 2s、4s、6s和8s四种情况。图3.8揭示了选择不同 t_{lu} 时价格和效用的变化情况。此时案例1、2、3和案例4分别对应着以上四种不同的最后更新时间 t_{lu}。随着 t_{lu} 的增加，内容提供商的报价和最终效用都会增加。这一结果表明，最佳的 t_{lu} 是时间 t 中最后一个可更新的时间点，也就是本实验中的 $t_{lu}＝8s$（案例4）。图3.7和图3.8的结果在仿真实验中验证了定理3.3.1的正确性。

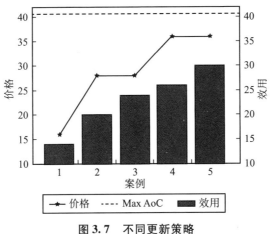

图 3.7 不同更新策略

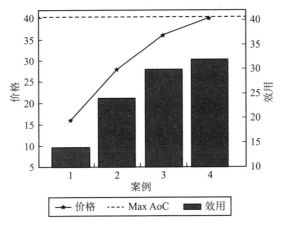

图 3.8 不同最后更新时间

此外，时间成本函数 f(t) 也是影响 AoC 的另一个重要因素。它代表了内容更新成本和时间之间的关系，这是由内容本身决定的。图 3.9 和图 3.10 分别展示了当时间 – 成本函数分别为 f(t) =

$\ln(1+t)$ 和 $f(t)=t^2$ 时，不同更新策略对价格和效用的影响情况，此处的更新策略与图 3.8 中的更新策略相同。

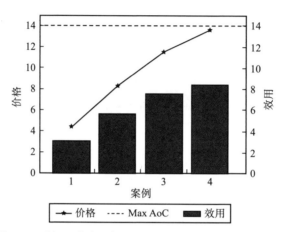

图 3.9 时间 - 成本函数为 $f(t)=\ln(1+t)$ 时的更新策略

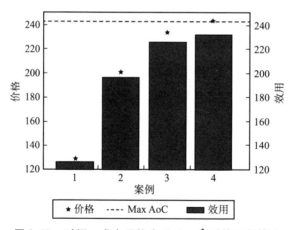

图 3.10 时间 - 成本函数为 $f(t)=t^2$ 时的更新策略

实验结果表明，不同的时间 - 成本函数会带来不同的价格和效用，但最优更新策略仍然符合定理 3.3.1 中提出的策略。时间－成本函数的差异主要来自内容类型的不同。例如，视频内容随着时间变化很大，其时间－成本函数略大 $f(t) = t^2$，而文本内容随时间变化缓慢，因此其时间－成本函数较小 $f(t) = \ln(1 + t)$。内容提供商会对时间－成本函数大的内容收取更多的费用，同时其效用也会相对较大。这样的仿真实验结果表明，我们所设计的策略机制是具有较强的可扩展性的。

内容受众异构性对效用的影响。在边缘内容市场中，不仅边缘内容的特点会影响激励机制的设计，内容受众的异构性也会影响所获得的最优策略。决定内容受众异构性的因素有三个，内容质量需求 q、心理预期价格 p_{thre} 和信息感知能力 γ。我们首先分别固定其中的两个来揭示另一个因素是如何影响最优策略及效用。

较大的信息感知能力 γ 意味着内容受众对所需求的内容更为熟悉和了解，也能意识到内容的经济价值，因此我们可以从图 3.11 中观察到，内容提供商从这种类型的内容受众中获益较少。相反，信息感知能力 γ 越小，内容提供商的报价和获得的效用就越大。图 3.12 表示在不同的内容质量需求下，内容提供商报价和所得效用之间的关系。通过观察我们可以发现，相对来说内容质量需求越高，内容提供商提出的报价和最终获取的效用也越高，这会对内容提供商产生正向激励，这就鼓励内容提供商向内容受众提供高质量的内容服务。与此同时，当内容质量需求固定时，内容提供商也不能漫天要价，否则内容受众接受服务的概率降低将导致其效用降低。

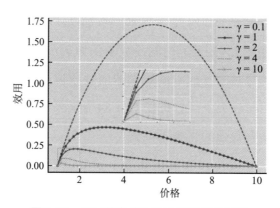

图 3.11　不同信息感知能力对效用的影响

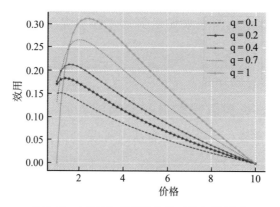

图 3.12　不同心理预期价格对效用的影响

　　我们还可以从图 3.13 中观察到，不同情况下的 p_{thre} 只对内容提供商的报价和最终效用产生较为微弱的影响，并没有明显改变内容提供商的最优价格策略。这是因为根据内容受众接受服务概率的定义如公式（3.7），信息感知能力 γ 和内容质量需求 q 决定着曲线的形状，而 p_{thre} 只会稍微改变曲线的振幅。

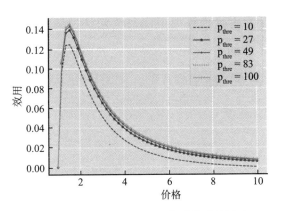

图 3.13　不同内容质量需求对效用的影响

通过上述实验结果及分析，我们发现无论考虑哪个因素对内容提供商最优价格策略和最终效用的影响，都可以通过求解 $\dfrac{dU_{p(q)}}{dp(q)} = 0$ 得到最优价格策略，即为一阶导数等于 0 时的报价。这也验证了定理 3.3.2 的正确性。

此外，我们根据信息感知能力和内容质量需求的差异将内容受众大体分为以下四类（需要声明的是，此处只是为了考虑不同性质的内容受众对内容提供商效用的影响，并未对人群进行等级划分，也不存在等级歧视情况）：精英（'Elites'）非常关注内容的质量，并对内容非常了解，熟谙其经济价值；富翁（'Richmen'）只要求内容的质量，并不关心内容成本；吝啬鬼（'Misers'）更关心自己的支出状况，往往不愿意花钱去追求高质量的服务；愚人（'Fools'）既不追求内容质量，也不了解内容的真正经济价值。

图 3.14 彰显了面对不同类型内容受众的最优价格策略和效用。由于对价格不敏感，内容提供商更愿意为"富翁"和"愚

人"服务，因为内容提供商可以从他们那里获得更多的利润。由于"精英"对市场有很高的认知度，内容提供商很难欺骗他。而"吝啬鬼"是最不可能被服务的，因为他对于经济层面过于谨慎和敏感。

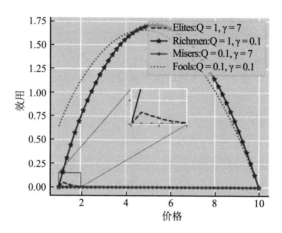

图3.14　不同类型内容受众对效用及策略的影响

时间有效性。在垄断环境中虽然是由同一个内容提供商提供服务，但是内容受众的数量是没有限制的。我们需要考虑内容受众的数量对获得最优策略所需时间的影响。我们可以从图3.15中观察到，当内容受众的数量为200个，内容提供商只需要大约2毫秒就能获得每个内容受众的最优策略。随着内容受众数量的增加，所需时间也在增加，但即使内容受众数量增加到2000个，所需时间也只需要大约110毫秒，这样的时间消耗完全在可接受的范围内，并且远远小于最小更新间隔 Δt，保证了策略的实时性。

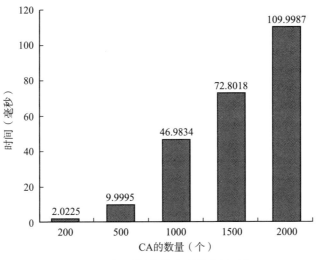

图 3.15　得到最优策略所花费的时间

综上所述，面对垄断边缘内容市场，我们提出的激励机制是合理、准确和计算有效的。

3.5.2　开放环境中的性能评估

在本节中，我们主要评估所提出的 RLIMO 算法在开放环境中的收敛性、稳定性和有效性。除非另有说明，本节中所有的实验场景都是边缘内容市场中存在 2 个内容提供商和 6 个内容受众。我们在 Q – Table 中随机选择一个 Q – Value 来显示实验结论。

算法收敛性。RLIMO 算法的收敛情况如图 3.16 所示。首先可以看到的是，学习率 ϵ 的变化会对算法的收敛时间产生影响。我们还发现，当贴现因子 ζ 变小时，最终收敛的 Q – Value 会相应减少，这与公式（3.24）中展现的规律是一致的。此外，学习

探索率 λ 的增加会增加 Q – Value 的波动，收敛时间也会稍长。总之，我们可以得出结论，无论在什么条件下，我们提出的 RLI-MO 算法都可以在大约在 700 次迭代之内快速收敛。

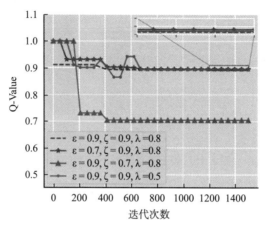

图 3.16 不同参数设置下的算法收敛情况

内容受众异构性对效用的影响。在开放边缘内容市场中，我们仍然需要评估不同类型内容受众对内容提供商效用产生的影响，以此作为依据评价我们所提的算法是否能够应对开放市场中的不同内容受众，我们称之为算法的稳定性。具体的用户类型如表 3.3 所示。我们还额外考虑了内容受众心理预期价格 p_{thre} 不同的情况。

表 3.3　　　　　　　　　　　　　内容受众类型说明表

情况编号	具体类型
案例 1	'Misers'：$q_n = 0.1$，$\gamma = 7$
案例 2	'Elites'：$q_n = 0.7$，$\gamma = 7$

续表

情况编号	具体类型
案例3	'Richmen': $q_n = 0.7$, $\gamma = 1$
案例4	'Fools': $q_n = 0.1$, $\gamma = 1$
案例5	拥有不同心理预期价格 p_{thre} 的'Elites'

由于 Q-Value 与内容提供商的效用直接相关，我们利用收敛的 Q-Value 来刻画内容提供商的效用。图 3.17 显示了不同内容受众类型下内容提供商的 Q-Value。通过分析可以发现，与垄断环境一样，与'Misers'和'Elites'相比，'Richmen'和'Fools'可以为内容提供商带来更多的效用。此外，内容受众的心理预期价格 p_{thre} 也会影响内容提供商的效用，当心理预期价格降低时，内容受众接受服务的概率降低，内容提供商的效用会随之下降。总之，我们提出的 RLIMO 算法在面对不同的内容受众时可以保证内容提供商的效用并且符合一般市场规律，因此该算法是较为可靠和稳定的。

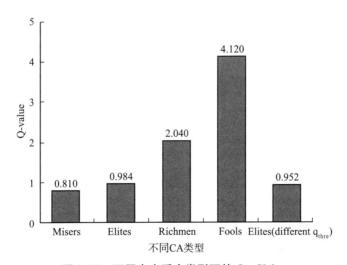

图 3.17 不同内容受众类型下的 Q-Value

时间有效性。在这一部分，我们评估 RLIMO 算法在不同内容受众数量条件下的运行时间以评价我们所提机制的时间有效性。

RLIMO 算法的平均运行时间如图所示 3.18。从此图中可以发现，当内容受众的数量从 1000 个增加到 2000 个时，花费的时间增长率约有 11.22%。当用户数达到 2000 时，该算法只花费了 80.76 秒。值得注意的是，虽然这个时间远远大于垄断环境下的毫秒级，但是内容提供商可以根据状态空间提前进行计算，并将计算出的 Q - Table 和最佳价格策略存储在本地形成离线数据库。当边缘内容市场的实际状态发生时，每个内容提供商只需要找到相应的策略并执行，届时所花费的时间将远远小于算法运行时间。

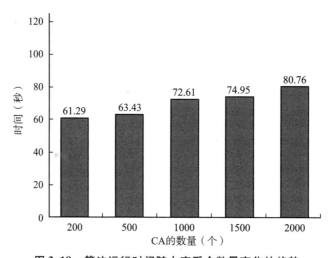

图 3.18　算法运行时间随内容受众数量变化的趋势

为了更好地验证 RLIMO 算法的计算效率，我们找到了两个使用强化学习算法来解决边缘计算网络中其他问题的工作，并与他们比较了算法的运行时间。从图 3.19 可以看出，当内容受众的数量为 100 时，RLIMO 的算法表现优于吕提出的算法。与张提出的算法相比，虽然 RLIMO 的运行时间更长，但是随着内容受众数量增加，张算法的运行时间增加了 5 倍，这将导致在内容受众数量非常大时算法运行时间极长，而同样情境下 RLIMO 算法的运行时间增长率大约为 3.28%。

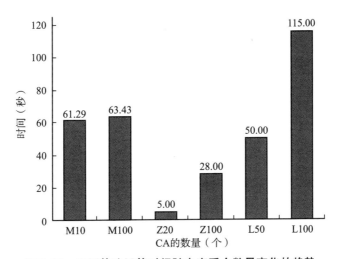

图 3.19 不同算法运算时间随内容受众数量变化的趋势

综上所述，上述实验结果表明：面对开放边缘内容市场，我们提出的 RLIMO 算法具有较快的收敛性、可靠性和计算有效性。

3.6 总　　结

　　本章针对边缘内容服务中的内容提供商进行了激励机制的研究。我们通过考虑内容的新鲜度（即内容的时间敏感性），在边缘内容市场建立了一个新的内容模型。基于内容受众（内容受众）的异构性，我们通过引入内容质量需求和信息感知能力等因素，以服务概率的形式给出了边缘内容市场的新供需模型。此外，我们将边缘内容市场区分为垄断环境和具有竞争的开放环境，分别利用双阶段的 Stackelberg 博弈和强化学习的算法（RLI-MO）得到了两种场景下的最优价格策略。仿真结果表明，我们提出的激励机制是可靠和有效的。

第 4 章

边缘计算服务中面向资源
提供者的激励机制

4.1 引　言

在移动计算和物联网盛行的时代，资源需求型应用程序的爆炸性增长对移动设备的性能提出了更高的要求。受限于移动设备的物理尺寸，其计算能力和电池寿命往往是有限的。移动云计算技术利用无线连接将计算密集型任务卸载到中心云处理，从而间接地提升了设备的处理能力。随着移动设备性能的提升，大多数移动设备都有机会成为网络边缘的小型云中心，即边缘云。这使得资源富足的设备可以为其他需要帮助的移动用户提供其所需资源。在如此背景下，边缘计算被视为一项具有前途的技术，它可以通过将任何潜在的资源丰富的设备转换为边缘云的方式来缩小移动设备与云之间的距离。显然，与 MCC 不同的是，移动设备无须将任务卸载到距离较远的中心云，而是就近选择边缘网络中的边缘云。缩短的传输距离有益于减少移动设备卸载过程中的抖动、延迟和能耗，从而帮助设备获得更长的电池寿命。

边缘计算技术利用任务卸载技术提高设备性能的同时营造出一种共享氛围。当某移动设备需要帮助时，附近的其他设备可以共享其富余资源来帮助该设备。值得注意的是，需要帮助的人和提供帮助的人随时有可能角色互换。近年来有相当多的工作关注边缘计算中的计算卸载技术，却在共享资源的动机研究方面鲜有突破。我们将边缘云视为资源提供商（Resources Providers, RPs），将需要帮助的移动设备视为用户。直观看来，共享资源的动机是资源提供者可以从提供服务中获得多少经济利益，这也决定了资源提供者愿意提供多少帮助，因此，建立资源提供者的利润最大化激励机制至关重要。在考虑资源提供商利益的同时，我们必须保证用户的体验质量。此外，我们还需要考虑经济市场的特征。MEC 网络是一个开放的市场环境，其最重要的特征之一就是竞争。如果能够以更低的价格提供更强大的处理能力，那么更多的用户将乐于接受服务。

对于边缘计算模式来说，与传统云计算最大的不同是，在边缘计算中扮演"云"角色的设备也是资源有限的。现有的工作提出了一些针对边缘计算的定价策略，并且以定价为激励来进行任务卸载。但是，他们的工作中忽略了边缘云的计算能耗。正如我们所说，由于构成边缘云的设备也是资源有限的设备，因此计算能耗会极大程度影响边缘云是否愿意接受任务和制定价格。与此同时，不同的边缘云还拥有不同的计算能力，这体现了边缘设备的计算异构性。现有工作的不足促使我们在考虑计算异构性和资源有限性约束下更合理地刻画边缘云的总成本。

移动设备和边缘云之间的交易行为与普通的购物行为相似，主要解决以下两个问题：匹配问题和价格问题。匹配问题即哪个用户选择哪个边缘云，价格问题即该服务收取多少费用。在经济学理论中，拍卖机制是一种常见的刻画交易行为的机制，它可以在活跃市场上以具有竞争力的价格向买方有效地分配卖方资源。一些现有文献研究了 MCC 环境中的激励机制，他们采用公开竞价机制建立买卖双方之间的关系，但这样的机制在 MEC 网络中是不现实的。因为由于用户隐私设置，边缘网络无法公开用户的私人信息，也就很难进行公开竞价。同时，以何种指标确认中标与否也是非常关键的。在一些文献中，仅仅以买家的出价作为是否能够中标的判断依据是非常失衡的，因为卖方完全可以因为一己私利随意提升价格。

因此，本章中关心的问题是：在用户积极参与且能保证用户利益的前提下，如何设计一种更具说服力的拍卖机制以最大化资源提供商的利润。基于以上考虑，我们设计了一个利润最大化的多轮拍卖机制（Profit Maximization Multi – Round Auction, PM-MRA）。在该机制中，我们将受信任第三方（例如中央云、经认证的边缘云或专业拍卖代理）视为拍卖商，拍卖商主持密封式竞标并利用"性价比"指标来确定拍卖过程中的赢家。为了在满足用户需求的同时最大化资源提供者的利润，在此工作中我们关注以下问题：

（1）如何合理刻画用户和边缘云的收益与成本？

（2）如何在不同市场环境中刻画利益最大化模型？

（3）如何有效匹配买卖双方并决定最终价格？

本章的目的是利用基于市场理论的定价和拍卖模型来最大化计算资源提供者的利润，以激励边缘设备提供计算服务。我们首先在非竞争环境中建立利润最大化模型，然后将其应用于竞争环境中。尽管非竞争性市场环境是不现实的，但在这种环境下资源提供者的利润可以被视为评价基准，可以更好地估计价格与服务之间的关系，并评估竞争性市场中提出的机制的性能。与以前的工作相比，本章的贡献可以总结如下：

（1）在非竞争环境中，通过引入微观经济学理论，利用市场定价模型和供需关系模型刻画计算资源提供者效用模型，在考虑边缘用户利益的约束下将激励问题刻画为利润最大化的优化问题。

（2）在竞争环境中，设计了包含"出价策略""用户匹配""付款机制"三个阶段的 PMMRA 机制，用以匹配用户与计算资源提供者并确定服务费用。

（3）通过引入"性标比""性价比"等指标及二价拍卖模式从理论层面证明了所设计拍卖机制能够实现个人理性，高计算效率和激励相容等性质。

（4）实验结果表明，与其他现有算法相比，本书提出的 PMMRA 机制在确保资源提供商的利润和移动用户的利益方面更为有效。

4.2 系 统 模 型

在本节中，我们首先介绍本章所适用的边缘计算网络模型。

然后，我们给出了执行本地计算或边缘计算所需要的时间、能耗等计算模型。最后，我们介绍了本章所使用的拍卖模型，其中重点介绍了拍卖模型中的角色及其作用。为方便起见，表4.1列出了本章使用的数学符号及其物理意义。

表4.1　　　　　　本章所使用的数学符号及其物理意义

数学符号	物理意义
I	边缘云的数量，即资源提供商的数量
J	移动用户的数量
f_i	资源提供商 i 的 CPU 时钟频率（计算能力）
W_{ij}	资源提供商 i 向用户 j 提供的带宽
f_j	用户 j 的 CPU 时钟频率（计算能力）
d_j	用户 j 卸载任务的数据大小
Cy_j	用户 j 计算任务所需的 CPU 周期数
$T_{j,l}$	用户 j 本地计算时间
$T_{i,j}$	用户 j 卸载执行时间
κ	取决于芯片架构的有效开关电容
$E_{j,l}$	用户 j 本地计算能耗
$E_{i,j}$	用户 j 卸载执行能耗
r_{ji}	用户 j 卸载任务到资源提供商 i 的数据传输率
P_j	用户 j 卸载任务传输功率
H_{ji}	用户 j 和资源提供商 i 之间的信道增益
N	信道噪声功率
C_{ij}	资源提供商 i 执行用户 j 任务的成本
$p_e/p_t/p_w$	单位能耗（时间、带宽）对应的经济效用
R_{ij}	非竞争环境下资源提供商 i 执行用户 j 任务的收入（资源价格曲线）

续表

数学符号	物理意义
α	非竞争环境下用户 j 的固定连接费用
β	非竞争环境下用户 j 的浮动资源单价
$\rho(f)$	非竞争环境下需求曲线漂移量
$\prod_{ij}$	非竞争环境下资源提供商 i 执行用户 j 任务的收益
O_{ij}	非竞争环境下用户 j 卸载任务的用户体验
η_j	非竞争环境下用户 j 价格和性能平衡因子
U_{ij}	竞争环境下资源提供商 i 执行用户 j 任务的效用
a_{ij}	竞争环境下匹配因子
A	竞争环境下用户－资源提供商匹配矩阵
b_{ij}	竞争环境下资源提供商 i 执行用户 j 任务的报价
p_{ij}	竞争环境下资源提供商 i 执行用户 j 任务的最终收费
δ_j	竞争环境下用户 j 的风险因子
γ_{ij}	竞争环境下"性标比"（Bid Performance Ratio，BPR）
ζ_{ij}	竞争环境下"性价比"（Price Performance Ratio，PPR）

4.2.1 网络模型

图 4.1 是一个典型的拍卖环境中的边缘计算网络模型。在这样的网络结构中有三种主要角色：边缘云、移动设备和受信任第三方。边缘云即为计算资源提供商（I 个），移动设备即为需要计算资源的用户（J 个），受信任第三方的作用我们将在后文陈述。当三者之间的连接稳定可用时，资源提供商即可提供其富余的计算资源供进行计算卸载的用户所用。在计算卸载过程中，资源提供商 i 的计算能力由其 CPU 时钟频率量化，其通信资源由

可用带宽决定。我们使用 2 元组 (f_i，W_{ij}) 表示资源提供商 i 的资源状态，其中 f_i 和 W_{ij} 分别是资源提供商 i 的 CPU 时钟频率和他向用户 j 提供的带宽。

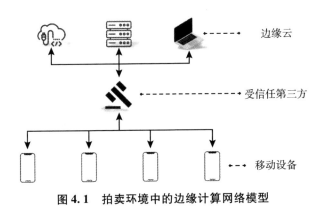

图 4.1　拍卖环境中的边缘计算网络模型

类似的是，当用户需要将任务卸载到边缘云进行处理时，需要进行计算的任务对计算和带宽资源有不同的要求。我们将用户 j 的任务表状态表示为 3 元组 (f_j，d_j，Cy_j) 表示，其中 f_j 是用户 j 的 CPU 时钟频率，d_j 表示用户 j 卸载任务的数据大小，而 Cy_j 是用户 j 计算任务所需的 CPU 周期数。

4.2.2　计算模型

在计算模式选择时（本地计算或进行计算卸载）较为直观的想法是，当任务数据较小、所需计算能力不强时，该任务更适合在移动用户本地进行计算。我们使用 $T_{j,l}$ 和 $E_{j,l}$ 分别表示任务在本地执行时所需的计算时间和能耗，具体表达如下：

$$T_{j,l} = \frac{Cy_j}{f_j} \tag{4.1}$$

$$E_{j,l} = \kappa Cy_j f_j^2 \tag{4.2}$$

其中，κ 为取决于芯片架构的有效开关电容。在本章中，我们根据林晓等（Lin X et al.，2014），设置 $\kappa = 10^{-11}$。

在进行计算卸载时，边缘云的确可以提供多个内核供移动用户选择，但是在本章中，在不失一般性的前提下，我们仅考虑移动用户将任务卸载到边缘云的一个内核上执行。此外，我们应用动态电压和频率调节（Dynamic Voltage and Frequency Scaling，DVFS）技术来动态调整该核的 CPU 时钟频率。在考虑多核协作时，CPU 需要协同调度内核来处理计算任务，其关键是 CPU 需要确定哪些核心参与任务计算。虽然如何在多个核心之间进行协作和选择超出了本书的研究范围，但是无论这些内核协作方式如何，每个核心的能耗都应遵循 CMOS 芯片的特性，即 CMOS 核心芯片的能耗与电压和时钟频率的平方成正比。由于在边缘计算环境中，边缘云本质上是拥有富余计算资源的移动设备，因此执行计算卸载时所需计算时间和能耗的计算方法与公式（4.1）和公式（4.2）类似。

与本地计算不同的是，计算卸载需要考虑移动用户将任务进行上传时的传输延迟和传输能耗。需要注意的是，由于回传的往往是任务计算结果（与任务本身相比数据量极小），因此与大多数文献类似，我们忽略了任务结果的回传过程。根据香农公式，我们可以将用户 j 计算卸载到资源提供商 i 时的数据上传速率表示为：

$$r_{ji} = W_{ji}\log_2\left(1 + \frac{P_jH_{ji}}{N}\right) \qquad (4.3)$$

其中，P_j 是用户 j 进行计算卸载时的任务上传功率，H_{ji} 是用户 j 和资源提供商 i 之间的信道增益，N 代表了信道噪声功率。

因此，当用户进行计算卸载时所需的时间和能耗可以分解为传输 + 计算两部分，具体表示如下：

$$T_{i,j} = \frac{d_j}{r_{ji}} + \frac{Cy_j}{f_i} \qquad (4.4)$$

$$E_{i,j} = \left(\frac{d_j}{r_{ji}}\right)P_j + \kappa Cy_jf_i^2 \qquad (4.5)$$

4.2.3　拍卖模型

在经典的拍卖模型中有三个重要角色：卖方、买方和拍卖商。在本章中，显然资源提供者 $\jmath = \{1, 2, \cdots, I\}$ 是卖方，用户 $\jmath = \{1, 2, \cdots, J\}$ 是买方，我们以受信任第三方（例如中央云、经认证的边缘云或专业拍卖代理）为拍卖商。在常规拍卖模式中是买方出价购买商品，在本章的应用环境中，我们设定为卖家"主动"出价销售资源。针对不同用户任务，每个资源提供商 i 对人物进行出价，并将标的集合 $B_i = \{b_{i1}, b_{i2}, \cdots, b_{iJ}\}$ 提交给拍卖商。针对某个用户的出价包含在标的集合中（$b_{ij} \in B_i$）意味着资源提供商 i 愿意处理用户 j 的卸载任务。所有卖方 $\jmath$ 的标的集合都表示为 $\mathcal{B} = \bigcup_{i=1}^{I} B_i$。在出价过程中，由于每个用户的任务需求和消耗不同，因此面对不同任务，同一个资源提供商的出价会不相同。

在本章中，拍卖商的角色非常重要，他负责主持、监督和确认整个密封竞价过程。由于边缘网络的多样性，拍卖商的选择多种多样。具有强大计算能力的中央云，经过认证的边缘云和专业的拍卖代理机构都有机会成为值得信赖的第三方。由于边缘网络分布相对零散且相关隐私数据十分敏感，因此刻意地引入第三方机构虽然看似引入了集中式角色，但是可以保证机制的隐私性、稳定性和准确性。首先拍卖商需要收集有关用户任务的信息，包括数据大小、所需 CPU 周期、用户计算能力等。然后，拍卖商主持拍卖，并收到卖方标的。最后，拍卖商根据标的价格和所设计拍卖机制对对交易双方进行匹配卖并决定最终价格。

4.3　非竞争服务激励机制设计

在本节中，我们考虑非竞争服务的激励机制设计问题。我们将非竞争服务的激励机制设计问题转变为非竞争环境下的利润最大化问题。我们利用微观经济学中的供需理论，根据市场定价模型建立资源提供商提供的资源与收取的价格之间的关系。最后我们证明该问题为凸问题，并求解获得最优价格。

4.3.1　非竞争激励机制问题构建

非竞争环境下的利润最大化问题旨在确定服务（即资源提供商提供的计算资源）与其对应价格，以实现资源提供商利润最大化。资源提供商 i 通过执行用户 j 的任务获取的利润可具体表示为：

$$\prod_{ij} = R_{ij}(f_i) - C_{ij}(f_i, W_{ij}) \tag{4.6}$$

其中，$R_{ij}(f_i)$ 是与提供的计算资源 f_i 相关的总收入，$C_{ij}(f_i, W_{ij})$ 是与计算资源 f_i 和带宽资源 W_{ij} 相关的总成本。

我们将资源提供商花费的总成本定义为执行用户 j 的任务的总开销，具体表现为：

$$C_{ij}(f_i, W_{ij}) = p_e \kappa Cy_j f_i^2 + p_t \frac{Cy_j}{f_i} + p_w W_{ij} \tag{4.7}$$

其中，p_e，p_t，p_w 分别是单位能耗、时间和带宽对应的经济效用。我们将总成本划分为可变成本和固定成本，由于前两项是与计算资源 f_i 相关的函数，故称之为可变成本，而公式（4.7）中的最后一项与计算资源 f_i 无关，因此被视为固定成本。

在微观经济学理论中，需求曲线反映了某商品的价格与消费者愿意购买的数量之间的关系。显然，当需求大大超过资源供应时，供货方将主导市场和价格，收入也将随着供应的增加而增加。但是，当供应超过需求时，即出现过剩的情况下，有许多复杂的影响因素可能会影响商品价格和数量之间的关系。由于供需关系的复杂性和不规律性，我们很难使用精确的数学函数来描述不同情况下的供需关系。在微观经济学中，经济学家经常使用简单的模型进行定量分析并获得普适性结论。因此，我们利用线性函数来刻画需求曲线以定量分析。如图 4.2 所示，需求曲线始终是一条表征价格与需求量关系向右下倾斜的线，实际上，我们的分析方法也可以同样适用于复杂的需求曲线模型，只需要将需求函数进行替换即可。此外，需求的变化将导致需求曲线的变化。但是这种变化因素并不会改变需求曲线的形状，而只是对区曲线进行平移，图4.2 中的虚线正是表示了这种情况，我们也在公式（4.8）中采用参数 $\rho(f)$ 反映了需求曲线的这种变化。

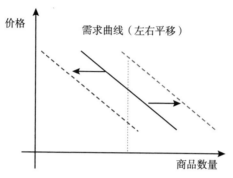

图 4.2　需求曲线及其变化

我们使用类需求曲线的方式来刻画资源提供商提供的计算资源与其收入之间的关系（见图4.2），具体可表示为：

$$R_{ij}(f_i) = \alpha + \beta f_i + \rho(f) \tag{4.8}$$

其中，α 表示资源提供商 i 向用户 j 收取的固定连接费用，β 是和计算资源相关的浮动资源单价，$\rho(f)$ 反映需求的变化对资源提供商 i 收入的影响。

图4.3 表示的是资源提供商收入、成本和利润与计算资源之间的关系，其中纵轴表示价格，横轴表示资源提供商提供的计算资源（其提供的 CPU 频率 f_i）。图 4.3 是公式（4.6）到公式（4.8）的几何表示，从此图可知资源提供商的收入和成本均随计算资源 f_i 的增加而增加，R′是需求变化下的资源提供商收入。

利润可以利用收入减去成本获得，该图中显示利润先增加后减少。因此直观看来，我们可以求得一个最优 f_i^* 帮助资源提供商获得最大利润。

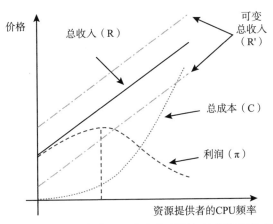

图4.3　资源提供商收入、成本和利润与计算资源的关系

另外，我们将用户 j 的服务体验定义为通过计算卸载而获得的性能提升（时间缩减和能耗缩减），具体刻画为以下公式：

$$O_{ij} = p_e(E_{j,l} - E_{i,j}) + p_t(T_{j,l} - T_{i,j}) - \eta_j R_{ij} \qquad (4.9)$$

其中，η_j 是用户 j 价格性能平衡因子，决定了用户更看重性能提升还是经济效益。

对于整个边缘计算网络，我们可以将资源提供商的利益最大化问题刻画为：

$$OPT-1: \max \sum_{i=1}^{I} \sum_{j=1}^{J} \prod_{ij} = \sum_{i=1}^{I} \sum_{j=1}^{J} (R_{ij}(f_i) - C_{ij}(f_i, W_{ij}))$$

$$(4.10)$$

受制于（$\forall i \in \{1, 2, \cdots, I\} \ \forall j \in \{1, 2, \cdots, J\}$）

$$C1： \pi_{ij} > 0$$

$$C2： O_{ij} - U_0 \geqslant 0$$

其中，约束条件 C1 保证了为用户 j 提供服务的资源提供商 i 是有利可图的，约束条件 C2 表示用户 j 在计算卸载中的收益要大于心理预期 U_0。

4.3.2 最优化问题求解

我们首先通过以下定理证明优化问题 OPT - 1 的（凹）凸性。

定理 4.3.1 优化问题 OPT - 1 是关于优化变量 f_i 的凹问题。

证明 对于固定的资源提供商 i 而言，$\prod_i = \sum_{j=1}^{J} [R_{ij}(f_i) - C_{ij}(f_i, W_{ij})]$ 所表示的利润是关于服务单一用户获取利润 $\prod_{ij} = R_{ij}(f_i) - C_{ij}(f_i, W_{ij})$ 的非负加权求和形式。另外由于不同资源提供商之间没有竞争，则其计算资源之间（$f_i, f_{i+1}, \cdots, f_I$）也无耦合关系，因此，优化问题 OPT - 1 的目标函数实际上是关于单一优化变量 f_i 的非负加权求和问题。根据凸函数的叠加性质，若函数 $\prod_{ij}$ 为凹的，则优化问题 OPT - 1 的目标函数具有同样的凹凸性。

根据公式（4.6）到公式（4.8），我们将 $\prod_{ij}$ 展开如下：

$$\prod_{ij} = (\alpha + \beta f_i) - \left(p_e \kappa Cy_j f_i^2 + p_t \frac{Cy_j}{f_i} + p_w W_{ij} \right)$$

$$= -p_e \kappa Cy_j f_i^2 + \beta f_i - p_t \frac{Cy_j}{f_i} + \alpha + p_w W_{ij} \qquad (4.11)$$

对其求关于 f_i 的二阶导数可得：

$$\frac{\partial^2 \prod_{ij}}{\partial f_i^2} = -2p_e\kappa Cy_j - 2p_t Cy_j f_i^{-3} \qquad (4.12)$$

由于所有参数都为正，因此 $\prod_{ij}$ 关于 f_i 的二阶导数小于 0。由此证明 $\prod_{ij}$ 是一个凹函数，又由于凹函数的叠加性质，因此优化问题 OPT – 1 的目标函数也为凹的。接下来我们证明约束条件的凹性，令 $\overline{O_{ij}} = O_{ij} - U_0$，则有：

$$
\begin{aligned}
\overline{O_{ij}} &= O_{ij} - U_0 \\
&= p_e(E_{j,1} - E_{i,j}) + p_t(T_{j,1} - T_{i,j}) - \eta R_{ij} - U_0 \\
&= p_e\left(\kappa Cy_j f_j^2 - \left(\frac{d_j}{r_{ji}}\right)P_j - \kappa Cy_j f_i^2\right) \\
&\quad + p_t\left(\frac{Cy_j}{f_j} - \frac{d_j}{r_{ji}} - \frac{Cy_j}{f_i}\right) - \eta(\alpha + \beta f_i) - U_0 \\
&= -p_e\kappa Cy_j f_i^2 - p_t\frac{Cy_j}{f_i} - \eta\beta f_i + p_e\left(\kappa Cy_j f_j^2 - \frac{d_j}{r_{ji}}P_j\right) \\
&\quad + p_t\left(\frac{Cy_j}{f_j} - \frac{d_j}{r_{ji}}\right) - \eta\alpha - U_0 \qquad (4.13)
\end{aligned}
$$

通过计算可知 $\overline{O_{ij}}$ 关于 f_i 的二阶导数如下：

$$\frac{\partial^2 \overline{O_{ij}}}{\partial f_i^2} = -2p_e\kappa Cy_j - 2p_t Cy_j f_i^{-3} < 0 \qquad (4.14)$$

由此证明，具有约束条件（C1 和 C2）的优化问题 OPT – 1 是关于优化变量 f_i 的凹问题。

由于优化问题 OPT – 1 是关于优化变量 f_i 的凹问题，则其对偶沟为零，并且满足 Slaters 约束条件。因此我们可以采用凸方法来解决这个问题。我们将优化问题 OPT – 1 的 Lagrange 函数表示为：

$$L(f_i, \theta, \omega) = \sum_{i=1}^{I} \sum_{j=1}^{J} (R_{ij}(f_i) - C_{ij}(f_i, W_{ij}))$$
$$+ \theta((R_{ij}(f_i) - C_{ij}(f_i, W_{ij})) + \omega(O_{ij} - U\_0) \quad (4.15)$$

其中，θ 和 ω 是拉格朗日乘子。

接下来我们利用 KKT 条件求得是目标函数最大化的优化变量最优值 f_i^*。

定理 4.3.2 根据 KKT 条件，资源提供商 i 的最优计算能力（CPU 时钟频率）可由下式求得：

$$f_i^* = u + v - \frac{1}{3}\gamma_1 \quad (4.16)$$

其中，$u = \sqrt[3]{\dfrac{-m + \sqrt{\Delta}}{2}}$，$v = \sqrt[3]{\dfrac{-m - \sqrt{\Delta}}{2}}$，$\Delta = m^2 + \dfrac{4l^3}{27}$，$l = -\dfrac{1}{3}\gamma_1^2$，$m = \dfrac{2}{27}\gamma_1^3 + \gamma_3$，$\gamma_1 = -\dfrac{2X(1 + \theta + \omega)}{\beta(1 + \theta - \omega\eta)}$，$\gamma_2 = 0$，$\gamma_3 = -\dfrac{Y}{2X}$，$X = p_e\kappa Cy_j$，$Y = p_t Cy_j$。

证明：根据 KKT 条件，我们可以求得拉格朗日函数关于 f_i 的偏导：

$$\frac{\partial L}{\partial f_i} = \beta - 2Xf_i + \frac{Y}{f_i^2} + \theta\beta - 2\theta Xf_i + \frac{\theta Y}{f_i^2} - 2\omega Xf_i + \frac{\omega Y}{f_i^2} - \omega\beta\eta = 0$$

$$(4.17)$$

其中，$X = p_e\kappa Cy_j$ and $Y = p_t Cy_j$。上式可改写为：

$$2X(1 + \theta + \omega)f_i^3 - \beta(1 + \theta - \omega\eta)f_i^2 - (1 + \theta + \omega)Y = 0$$

$$(4.18)$$

令，$\gamma_1 = -\dfrac{2X(1 + \theta + \omega)}{\beta(1 + \theta - \omega\eta)}$，$\gamma_2 = 0$，$\gamma_3 = -\dfrac{Y}{2X}$，我们可以得到：

$$f_i^3 + \gamma_1 f_i^2 + \gamma_2 f_i + \gamma_3 = 0 \qquad (4.19)$$

根据郭松涛（Guo S et al.，2008），我们得知若 $\gamma_3 < 0$，则式

（4.19）至少有一个正实根。因此，我们用 $y - \dfrac{\gamma_1}{3}$ 替换 f_i，则可

将上式改写为：

$$y^3 - \frac{1}{3}\gamma_1^2 y + \frac{2}{27}\gamma_1^3 + \gamma_3 = 0 \qquad (4.20)$$

整理可得：

$$y^3 + ly + m = 0 \qquad (4.21)$$

其中，$l = -\dfrac{1}{3}\gamma_1^2$，$m = \dfrac{2}{27}\gamma_1^3 + \gamma_3$。令 $y = u + v$ 并将其代入式

（4.21）可得：

$$(u^3 + v^3 + m) + (u + v)(3uv + l) = 0 \qquad (4.22)$$

因此我们可得满足以下条件的 u 和 v：

$$\begin{cases} u^3 + v^3 = -m \\ (uv)^3 = -\dfrac{l^3}{27} \end{cases} \qquad (4.23)$$

则 u^3 和 v^3 即为下式的两个根：

$$z^2 + mz - \frac{l^3}{27} = 0 \qquad (4.24)$$

若下列条件满足：

$$\Delta = m^2 + \frac{4l^3}{27} > 0 \qquad (4.25)$$

则可以得到 $u = \sqrt[3]{\dfrac{-m + \sqrt{\Delta}}{2}}$，$v = \sqrt[3]{\dfrac{-m - \sqrt{\Delta}}{2}}$。

因此，CPU 时钟频率的最优值 f_i^* 如下：

$$f_i^* = u + v - \frac{1}{3}\gamma_1 \qquad (4.26)$$

我们可以根据式（4.27）对拉格朗日乘子进行更新

$$\theta(k+1) = \left[\theta(k) + \epsilon(k)\prod\nolimits_{ij}\right]^+$$

$$\qquad (4.27)$$

$$\omega(k+1) = \left[\omega(k) + \epsilon(k)((O_{ij} - U_0))\right]^+$$

其中，$\epsilon(k)$ 是第 k 步迭代步长。根据凸优化问题经典求解方法，我们提出了非竞争环境下的最优计算能力获取算法，解决了非竞争环境中的激励机制问题。如算法 4.1 所示，该算法的时间复杂度是 $\mathcal{O}(I \times J \times Iter_{max})$，其中 $Iter_{max}$ 表示最大迭代次数。

算法 4.1：非竞争环境下激励机制设计

	Input：d_j，Cy_j，W_{ij}，$\epsilon(k)$，p_e，p_t，p_w
	$Iter_{max}$：最大迭代步长和当前迭代索引 $k \leftarrow 1$
	Output：最优计算能力 $f_{i,1}^*$，最优利润 $\prod_{ij}^*$
1	初始化设备信息；
2	for $i = 1$ to I do
3	for $j = 1$ to J do
4	while $t < Iter_{max}$，$\left| \theta(k+1) - \theta(k) \right| > \tau$ do
5	/* 计算相关参数 */；
6	计算本地执行时间、能耗 $T_{j,1}$，$E_{j,1}$；
7	计算卸载执行数据传输率、时间、能耗 $r_{j,i}$，$T_{j,i}$，$E_{j,i}$；
8	计算资源提供商的成本、收入和收益 $R_{i,j}$，$C_{i,j}$，$\prod_{ij}$；
9	if $\prod_{ij} > 0$ and $O_{ij} - U_0 \geq 0$ then
10	/* 计算能力优化 */；
11	计算 $f_{i,1}^*$；

续表

算法 4.1：非竞争环境下激励机制设计

12	更新拉格朗日乘子；
13	$f_i(k+1)=f_i(k)$；
14	更新利润 $\prod_{ij}$；
15	else
16	将利润设置为 0，$\prod_{ij}=0$；
17	end
18	end
19	end
20	找到最优计算能力 $f_{i,1}^{*}$，最优利润 $\prod_{ij}^{*}$；
21	返回 $f_{i,1}^{*}$ 和 $\prod_{ij}^{*}$；
22	end
23	end

根据以上数学推导和算法，我们可以找到资源提供商在非竞争环境中所付出的最优计算资源以最大化其自身利益。但是，需要声明的是，非竞争服务或环境在真实应用场景中出现频率较低，因此得出的激励机制只能作为一种评价基准，即作为衡量竞争环境中激励机制效果的上限。在非竞争模型中，我们虽然忽略了一部分网络动态性，但我们还是通过数据传输速率的设置刻画了网络波动对用户利益、边缘云利益的影响。

4.4　竞争服务激励机制设计

在本节中，我们对竞争服务的激励机制设计进行讨论。我们利用拍卖理论对竞争服务的激励机制进行刻画，并提出了一种利润最大化多轮拍卖机制（Profit Maximization Multi – Round Auction，PMMRA），其中重点包括三个方面：出价策略、用户匹配和付款规则。

4.4.1　问题刻画

在第4.2.3节中我们已经对拍卖模型中的角色和作用进行了简要介绍，在这一节中，我们将更注重拍卖理论的数学模型刻画。我们将资源提供商 – 用户匹配矩阵定义为 $A = \{a_{ij}\}_{I \times J}$，匹配矩阵中的元素 $a_{ij} \in \{0, 1\}$ 是竞争服务中的匹配因子，用来彰显资源提供商和用户的匹配关系。若如果资源提供商 i 中标并为用户 j 服务，则 $a_{ij} = 1$，否则 $a_{ij} = 0$。

在拍卖模型中我们设置支付金额为 p_{ij}，表示最终资源提供商 i 向用户 j 提供服务时用户 j 的付款金额。同样我们采取"收入 – 成本"的方式刻画资源提供商 i 的效用，具体表示为：

$$U_{ij} = a_{ij}(p_{ij} - C_{ij}(f_i, W_{ij})) \tag{4.28}$$

其中，$C_{ij}(f_i, W_{ij})$ 是前文定义的成本函数。

因此，竞争服务中的利润最大化问题被刻画如下：

$$OPT - 2:\max \sum_{i=1}^{I} \sum_{j=1}^{J} U_{ij} = \sum_{i=1}^{I} \sum_{j=1}^{J} a_{ij}(p_{ij} - C_{ij}(f_i, W_{ij}))$$

$$\tag{4.29}$$

受制于（ $\forall i \in \{1, 2, \cdots, I\}$ $\forall j \in \{1, 2, \cdots, J\}$ ）

$$C1: \sum_{i=1}^{I} a_{ij} \leq 1, \forall j \in \{1, 2, \cdots, J\}$$

$$C2: a_{ij} f_i \leq f_j, \forall i \in \{1, 2, \cdots, I\}$$

该优化问题的目标是使资源提供商的效用总和最大化。约束条件 C1 意味着每个任务最多只能由一个资源提供商服务。约束条件 C2 反映了用户所需的资源总量不应超过边缘云拥有的资源总量。在拍卖机制中最重要的就是确定双方如何匹配并决定最终付款，接下来，我们将具体讨论所设计的机制。

4.4.2 拍卖机制

在我们所设计的利润最大化多轮拍卖（PMMRA）机制中，用户将其资源需求提交给拍卖商，资源提供商根据从拍卖商那里收到的广播信息来提交其标的。拍卖商收到资源提供商标的后执行用户匹配环节，检查其计算资源并计算效用。最后，当确定匹配矩阵时，拍卖商将根据匹配结果确定最终价格。根据参考文献，高效可行的拍卖机制应具有以下特性：

（1）个体理性：最终中标者的收入一定会大于其成本，即利润大于等于 0。这意味着每个资源提供商的效用均应为非负数。在本拍卖模型中，我们有 $U_{ij} \geq 0$ for $\forall i \in \{1, 2, \cdots, I\}$。

（2）时间有效性：拍卖机制包括出价策略、用户匹配和付款规则，应在多项式时间内可求解。

（3）激励相容：任何资源提供商的出价应该是真实的。即无法通过提交虚假报价（往往是高报价）来获取更高的利润。即 $b_{ij} = C_{ij}$。我们也可以称之为真实性保障。

在我们所设计的拍卖机制中，出价策略用来衡量哪个卖方更适合买方的标准，用户匹配则决定了最终进行交易的双方，付款规则最终确定接受此次服务应该支付的最终费用。我们将对这三方面进行具体介绍。

（1）出价策略。在传统的拍卖方式中往往根据出价方的报价高低直接决定中标方，如常见的字画拍卖等交易活动中根据喊价决定最终商品归属。与大多数现有的拍卖机制不同的是，我们设计了性标比（Bid Performance Ratio，BPR）来决定中标者。我们将 BPR 定义为卖方提交的投标与计算能力之比和数据大小与传输率之比的加权和。前者与计算资源相关，后者与网络资源相关。我们使用参数 γ_{ij} 表示 BPR：

$$\gamma_{ij} = \delta_j \frac{b_{ij}}{f_i} + (1 - \delta_j) \frac{d_j}{r_{ij}} \qquad (4.30)$$

其中，$0 \leqslant \delta_j \leqslant 1$ 被定义为风险因子，用户可以对其进行调整以表明需要更强大的处理能力或更稳定的传输。

在实际交易活动中，每个独立个体都希望以最少的费用获得最大的性能提升。根据 BPR 的定义，BPR 较低的卖方应有较高的机会中标。我们设立 BPR 的目的是在拍卖过程中保证买方（移动用户）的用户体验，从而避免资源提供商漫天要价。这也刻画了竞争服务中的竞争行为。在出价策略阶段，我们从用户的角度选择边缘云，我们先确定哪个卖方更适合买方。但同时，由于我们机制的最终目的是最大化资源提供商的利益，因此我们还设计了一种用户匹配机制，从边资源提供商的角度最终决定匹配双方。

（2）用户匹配。用户匹配问题也可以称为获胜者确定问题，用户匹配的目的是最终确定资源提供商为哪个用户进行服务。根据 BPR，拍卖商会最初确定匹配的买家和卖家。当多个买方选择同一卖方,即有多个用户请求同一个资源提供商提供服务时,卖方"权利反转"选择买方。与 BPR 相似,我们将性价比(Price Performance Ratio,PPR)定义为买方支付的付款与卖方提供的容量增量的比率,即:

$$\zeta_{ij} = \frac{p_{ij}}{f_i - f_j} \tag{4.31}$$

显然,出于最大化资源提供商利益的目的,资源提供商会在众多用户中选择具有较高 PPR 的买方来提供服务。未选择的买方进入败者组,然后重复此过程,直到卖方为所有买方提供服务。然后拍卖停止。我们利用 $\bar{J}$ 表示已分配的买方,用 $\bar{B}$ 表示出价组。在图 4.4 中我们详细展示了 PMMRA 机制的出价策略和用户匹配流程。

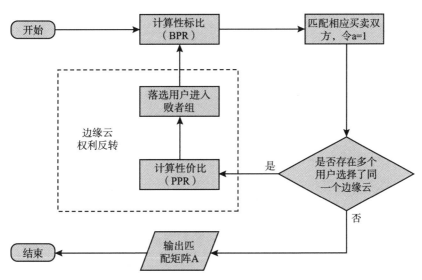

图 4.4 PMMRA 机制出价策略及用户匹配流程

（3）付款规则。交易达成时具体的付款金额由我们设计的付款规则决定。付款规则的制定会影响拍卖机制的性质，通过设置付款规则可以保证拍卖机制的激励兼容性。Vickrey 拍卖也被称为第二价格密封竞标。在这种规则下，出价最高的人中标，但支付的价格是第二高的出价。这种付款规则使竞标者有真实报价的动机。因此，我们也采用二价付款规则，由拍卖商确定最终的付款金额。

确定二价付款规则的关键是如何获得第二高的出价。我们机制的主要思想是从出价集中删除已选择的中标者的出价，找到新的中标者，新中标者的中标价格即为需要支付的第二价格。

算法 4.2：在线 PMMRA 机制

Input：用户组 $\bar{J}$，出价组 $\bar{B}$

Output：最优匹配矩阵 $A^* = \{a_{ij}\}_{I \times J}$，最终付款价格 p_{ij}

1　/ * 初始化 * /；

2　$a'_{ij} = 0$ for $\forall i, j$，$\bar{J} = \phi$，$\bar{B} = \cup_1^J B_i \mathbb{U} = \phi$；

3　while $\bar{J} \neq \jmath$ do

4　　for $j = 1$ to J

5　　　/ * 出价策略 * /

6　　　将用户 j 添加进可用用户集合 $\mathbb{U}$

7　　　对每个标价 b_{ij} 计算性标比 γ_{ij}；

8　　　选择拥有最小 γ_{ij} 的标价 b_{ij}；

9　　　设置 $a_{ij} = 1$；

10　　　if b_{ij} 不符合约束条件或用户 j 离开可行用户集 $\mathbb{U}$ then

11　　　　去除标的 b_{ij}；

12　　　end

13　　　/ * 付款规则（二价策略）* /；

14　　　设置 \bar B $= \cup_1^J B_i \backslash b_{ij}$；

续表

算法 4.2：在线 PMMRA 机制
15 | 选择第二价格 b'_{ij}
16 | 令 $a'_{ij} = 1$，$p_{ij} = b'_{ij}$；
17 | end
18 | /＊用户匹配＊/；
19 | for $i = 1 \text{to} I$ do
20 | if 多个用户选择了同一个资源提供商，$\sum_{I}^{J} a_{ij} > 1$
21 | 计算性价比 ζ_{ij}；
22 | 资源提供商选择拥有最大 ζ_{ij} 的用户进行服务；
23 | 剩余用户进入败者组；
24 | end
25 | 返回匹配矩阵和付款价格；
26 | end
27 | 更新用户组信息；
28 end

（4）在线机制。由于边缘计算环境中用户的随机性，在某些意外情况下，用户可能随时移出感知区域或与边缘云断开连接。因此，为了适应用户的随机性和移动性，我们需要设计一种在线 PMMRA 机制。在我们的在线机制中，拍卖商首先创建一个用户集来收集用户信息。每个用户的信息都将存储在此集合中，当他离开时信息删除。若中标者在付款前离开感知区域，则拍卖商将会重新选择新的中标者。通常情况下一旦付款，用户将尽可能地等待服务结束。当用户在服务结束之前断开连接时，拍卖商作为受信任的第三方将在一段时间内保留服务结果以便用户重连获取。当每个新的服务周期开始时，拍卖商会扫描区域内可用的用户列表，并在新的周期内匹配交易双方。这种在线机制可以确保机制

的稳定性和可靠性。算法4.2描述了PMMRA机制的执行流程。

（5）示例。为了更加直观地了解PMMRA机制，我们以图4.5和图4.6中的网络模型为例，其中有四个拥有不同需求的用户（买方）和三个资源异构的资源提供商（卖方）。表4.2a中给出了买方的计算能力和数据大小，表4.2b描述了卖方的计算资源和网络资源情况，表4.2c是卖方的标的矩阵。值得注意的是，由于计算能力不足（$f_{s3} < f_{b1}$），因此卖家3无法承担买家1的任务，故提交的出价为 $+\infty$。根据我们设计的PMMRA机制，当$\delta_j = 1$时，买家1、2、3、4分别分配给卖家1、1、3、2，支付金额为2、5、4、8，由于用户1和2都被分配给了资源提供商1，根据PPR，资源提供商1将优先执行用户2的任务。当$\delta_j = 0.5$时，买家1、2、3、4分别分配给卖家1、1、3、3，支付金额为2、5、4、6，资源提供商1将优先服务用户2，资源提供商3将优先服务用户4。

表4.2   示例信息

（a）买家信息

买家编号	b_1	b_2	b_3	b_4
计算能力	7	4	3	1
数量大小	3	1	2	1

（b）卖家信息

卖家编号	s_1	s_2	s_3
计算能力	10	8	5
网络资源	3	3	4

续表

（c）标的矩阵

卖家编号	买家编号			
	b_1	b_2	b_3	b_4
s_1	2	5	7	8
s_2	2	5	4	6
s_3	$+\infty$	4	1	4

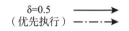

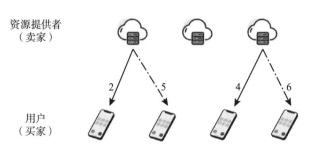

图 4.5　$\delta = 0.5$ 时匹配及出价情况

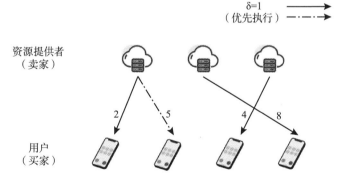

图 4.6　$\delta = 1$ 时匹配及出价情况

4.4.3　性质分析

在本节中，我们分析之前讨论的 PMMRA 机制的属性，包括激励相容、个体理性和计算效率。

引理 4.4.1　PMMRA 机制是激励相容的。

证明：首先，在机制角色设置方面，我们引入了受信任的第三方作为拍卖商，他负责监管和主持整个拍卖过程，可以对卖方的出价和成本进行比较。若他检测到卖方虚报价格，则有权取消其出价。因此，我们通过添加监管机制有效地确保了 PMMRA 机制的激励相容性。

其次，我们引入的第二价格机制也可以有效地保障激励相容性。考虑任意一个资源提供商 i，他对买家 j 的报价是 b_{ij}，他的真实成本是 C_{ij}。令 B 为除去资源提供商 i 后中标人的中标价格，由于用户选择时会倾向于选择出价更低的资源提供商，因此 B 是报价集合中除去 b_{ij} 的最低报价，即 $B = \min_{k \neq i} b_{kj}$。即使资源提供商 i 的出价方案是连续无穷多的，但是只可能有两种结果。若 $b_{ij} > B$，则资源提供商 i 不会赢得拍卖，反之，只有当 $b_{ij} \leq B$ 时资源提供商 i 会赢得拍卖，根据第二价格机制出价为 B，则其效用为 $B - C_{ij}$。

现在讨论 B 和 C_{ij} 的关系。若 $C_{ij} > B$，则效用 $U_{ij} = \{0, \max B - C_{ij}\} = 0$。此时资源提供商 i 若真实报价，即 $b_{ij} = C_{ij}$，则 $b_{ij} > B$，资源提供商 i 不会赢得拍卖并实现效用最大化。若 $C_{ij} \leq B$，则效用 $U_{ij} = \max\{0, B - C_{ij}\} = B - C_{ij}$，当资源提供商 i 真实报价时，他将

赢得拍卖并实现效用最大化。

引理 4.4.2 PMMRA 机制可以实现个体理性。

证明：我们同样借助第二价格机制来证明 PMMRA 机制可以实现个体理性。二价拍卖中输家的效用均为 0。此外我们已经证明 PMMRA 机制是激励相容的，因此拍卖赢家资源提供商 i 的效用可以改写为：

$$U_{ij} = p_{ij} - b_{ij} \qquad (4.32)$$

由于第二价格机制的设置，当资源提供商 i 中标时，b_{ij} 必须小于付款 $p_{ij} = b'_{ij}$，否则 b'_{ij} 将胜出。因此，该效用是非负的（$p_{ij} - b_{ij} \geq 0$）。

引理 4.4.3 PMMRA 机制是时间有效的。

证明：当我们要选择拍卖赢家时需要对报价进行排序，针对每个用户，排序所有资源提供商出价的算法时间复杂度为 $\mathcal{O}(I\log I)$。与之对应的是，当某个资源提供商权利反转选择用户时同样需要进行排序，其时间复杂度最大为 $\mathcal{O}(J\log J)$。在我们设计的 PMMRA 级机制中，我们要保证所有能够被服务的用户都得到服务，因此，算法 4.2 中 PMMRA 的整体时间复杂度为 $\mathcal{O}(J(JI\log I + IJ\log J))$，这意味着 PMMRA 算法可以在多项式时间内收敛。

4.5 实 验 仿 真

在本节中，我们将评估 PMMRA 机制的性能。我们首先描述实验设置，然后从个体理性、时间有效性、市场公平性等方面对 PMMRA 机制的表现进行验证和评估。我们在配备 16GB 内存，

CPU 为 Intel Xeon(R) Gold 6138 的计算机上使用 Python3.7.5 进行实验仿真。

4.5.1 仿真设置

在实验中仿真，我们考虑边缘云数量范围为 3 到 10，用户数量范围为 5 到 55，在仿真环境中他们都是随机部署的。用户的 CPU 时钟频率设定范围为 1GHz ~ 1.5GHz。我们假设用户的传输功率在 257 毫瓦 ~ 325 毫瓦，噪声强度为 - 50dBm。信道增益 $H_{ji} = D^{(-\Delta)}$，其中 $\Delta = 4$ 是路径损耗因子，D 是用户与边缘云之间的距离。带宽资源设置为 10Mbps ~ 20Mbps 不等。关于任务特性，我们将 Cy_j 的范围设置为 200 兆赫 ~ 2000 兆赫周期，d_j 设置为 10kB 到 1MB。

4.5.2 个体理性评价

为了验证引理 4.4.2，我们首先探讨个人理性的表现。在这个实验仿真中，我们假设有 20 个用户（买方）和 1 个资源提供者（卖方）。我们试图揭示出价和最终付款之间的关系。值得注意的是，我们选择非竞争环境中的付款价格作为基准。

图 4.7 描述了资源提供商 1 面对不同用户时的出价和最终收到的付款。显然，我们可以观察到，针对每个接受了服务的用户，资源提供商 1 都能获得不少于其提交出价的最终付款。也就是说我们所提的 PMMRA 机制可以实现个人理性。同时竞争环境

下的最终收款和非竞争环境下的最优价格之间的差异较小，说明 PMRMA 机制不仅可以满足用户的需求，而且可以使资源提供者的利润最大化。

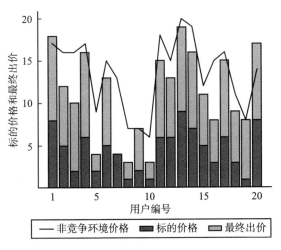

图 4.7　个体理性仿真评价

4.5.3　计算有效性评价

为了验证对引理 4.4.3 中时间复杂度的分析，我们比较了不同算法的运行时间。我们引入了传统的 Vickrey 拍卖作为基线算法。Vickrey 拍卖是一种经典的拍卖机制，可用于将买家与卖家配对，并在短时间内确定最终付款。图 4.8 说明了三种算法在不同用户数量下的运行时间。

如图 4.8 所示，这三种算法的运行时间都随着用户数量的增加而增加。由于我们的拍卖机制会为尽可能多的用户提供服务，因此 PMMRA 机制所需时间比 Vickrey 拍卖更长。但是，与非竞争环境中的算法相比，我们的 PMMRA 机制的决策时间更少。这是因为算法在非竞争环境中的收敛速度取决于乘子的更新，但 PMMRA 机制的时间直接取决于用户和边缘云的数量。因此，PMMRA 机制在计算上是有效的。

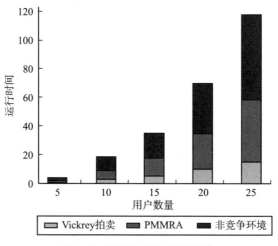

图 4.8　计算有效性仿真评价

4.5.4　市场公平性评价

从激励角度讲，我们提出的 PMMRA 机制可以最大化资源提供者的利润，从而促进更多有富余计算资源的移动设备参与边缘计算，从而建立更稳定、高效和庞大边缘市场。但同时，我们也应该确保我们所提机制不会破坏基本的市场规则，如市场公平性。图 4.9 显示了每个资源提供商在不同用户数量下最终服务用户数的情况。

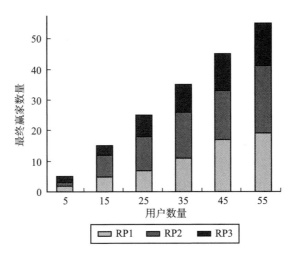

图 4.9 市场公平性仿真评价

从图 4.9 可以看出,三个资源提供商最终服务的用户数并不相同,但总体来说差异不大。根据 BPR 和 PBR 的定义,提供相同服务但价格较低的资源供应商更受欢迎,这是市场分配并不完全平均的原因。如图 4.9 所示,即使用户数大于 55,PMRMA 机制仍可保证市场公平。当然市场公平性不是绝对公平,而取决于资源提供商所提供的资源和他的出价。

4.5.5 不同策略性能比较

在本小节中,我们将根据服务用户的数量和资源提供商效用的大小来评估 PMMRA 机制的性能。图 4.10 显示了最终服务用户数量相对于用户和资源提供者数量变化的趋势。图 4.11 描述

了当用户数量固定时每个资源提供商的效用情况，图 4.12 显示
了不同策略下效用随用户数量变化的趋势。

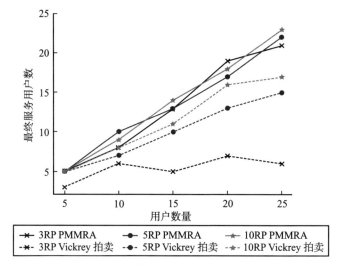

图 4.10 不同策略最终服务用户数量变化

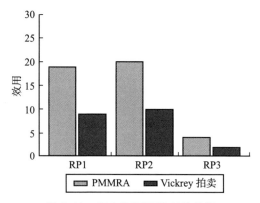

图 4.11 每个资源提供者的效用

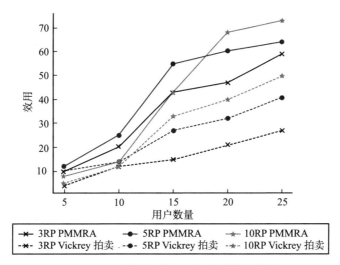

图 4.12　不同策略下效用随用户数量变化情况

在图 4.10 中，我们发现对于任何策略，资源提供者最终服务的用户数量都是随着资源提供者数目的增加而增加的。与维克里（Vickrey）拍卖相比，资源提供者可以在 PMMRA 机制中为更多的用户提供服务，这是因为我们设置了"败者组"，直到服务完所有可接受服务的用户，拍卖过程才终止。当系统中有 5 个资源提供者时，我们的 PMMRA 在最终服务用户数量上比 Vickrey 拍卖高 46%。虽然这种设计以运行时间为代价，但它对整个系统有益，且运行时间在可接受范围内。

图 4.11 显示了在用户和资源提供商数量分别设置为 20 和 3 的情况下每个资源提供商的最终效用。如图 4.11 所示，PMMRA 中的每个资源提供者都具有比 Vickrey 拍卖更高的效用，这意味着我们的 PMMRA 机制使资源提供者可以获得更高的利润。这是

因为 PMMRA 机制中我们通过 PPR 的设计实现了资源提供商的权利反转，当有多个用户同时选择一个资源提供商时，资源提供商有权利选择收益最大的。图 4.12 描述了整个系统中总效用的情况。从图 4.12 可以看出，我们的机制最多可以将资源提供者的效用提高 60%。

此外，我们将资源提供者的效用及最终服务用户数量与一些现有工作进行了比较。陈等通过设计分布式算法（称为 Chen 算法，见图 4.13），将卸载决策问题转化为多用户卸载博弈问题，并尽可能增加了卸载用户的数量。张等将匹配问题刻画为效用最大化问题，并采用组合拍卖的方式解决匹配问题，我们称为 Zhang 算法（见图 4.14）。

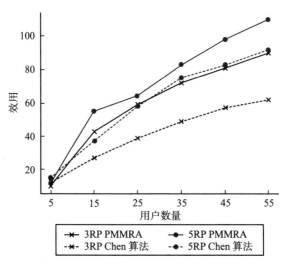

图 4.13　与 Chen 算法在最终服务用户数的对比

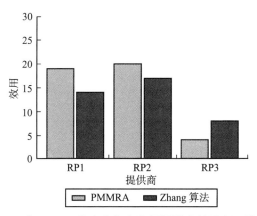

图 4.14　与 Zhang 算法在每个资源提供商效用方面的对比

图 4.13 显示了不同场景（资源提供商和用户数量不同）下 PMMRA 机制与 Chen 算法在最终服务用户数的对比情况。从图 4.13 中我们可以发现，随着用户数量的增加，Chen 算法与 PM-MRA 之间的差距越来越大。与 Chen 的算法相比，PMMRA 机制将最终服务用户数最多提高了 29%。Chen 的算法主要针对时分复用技术系统，并且用户在时分复用模型中容易受到其他用户信号的干扰。而 PMMRA 机制的"败者组"设计保证了可服务用户最终一定可以被服务，同时拍卖商的设置也更好地应对了网络带来波动的影响。

图 4.14 和图 4.15 显示，在个人（每个资源提供者的效用）和整体角度（所有资源提供者的总效用）方面，PMRMA 机制均优于 Zhang 算法。从图 4.15 可以看出，我们的机制可以将效用平均提高 30%。在某些情况下，Zhang 的算法比 PMMRA 机制稍好，这是由于在模型建立阶段他们忽略了资源提供商的能量消耗，使得其成本降低从而提升了效用。但总的来说，通过设置

"权利反转"，我们在竞争环境中最大限度地提升了资源提供商的效用。

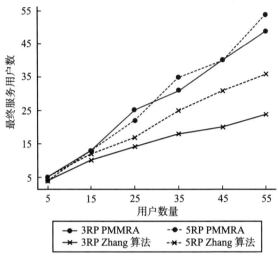

图 4.15　与 Zhang 算法在总效用方面的对比

4.6　总　结

在本章中，我们针对边缘计算环境中的计算资源提供者设计了使其利益最大化的激励机制。本章的研究内容主要分为非竞争服务和竞争服务两部分。在前者中，我们通过考虑资源有限性、用户异构性并结合微观经济学供需理论，刻画了计算资源提供者的收入、成本和利润，并将其转化为一个凸问题进行求解，其最优值为评价竞争服务激励机制提供基准。在竞争环境中，我们将激励机制设计具象化为拍卖机制的设计。我们设计了一个利润最大化的多轮拍卖机制（PMMRA），通过出价策略、用户匹配和付款规则三个方面保证了所设计机制的激励相容性、个体理性和计算有效性。通过设计 BPR 和"败者组"保证可服务用户尽可能被服务，通过设计 PPR 和"权利反转"最大化了资源提供者的利润。仿真实验表明，在最终服务用户数和资源提供商效用方面，我们提出的 PMMRA 机制都有不俗的表现。

第 5 章

基于合约理论的边缘训练
服务激励机制

5.1 引　言

移动计算和万物互联使得边缘计算将网络服务扩展到了网络边缘。与此同时，为了解决传统云计算背景下人工智能应用面临的时敏性要求和隐私保护问题，人工智能应用的训练和推理同样也被扩展到了网络边缘。因此，作为边缘计算和人工智能的有机结合体，边缘智能（edge intelligence）走入了大众视野，得到了广泛关注。

目前关于人工智能的研究主要分为两个部分。第一方面是利用边缘思想使得人工智能应用部署于网络边缘，我们称之为"使智能边缘化"（edglize）。第二个方面是利用人工智能算法优化解决边缘计算中的问题，我们称之为"使边缘智能化"（intelligentize）。显然，前者是思想的融合，而后者是方法的迭代。在"使智能边缘化"中"边缘"和"智能"的关系主要有以下三种：边缘应用（application ON edge）、边缘推理（inference IN edge）和边缘训练（training AT edge）。与前两种简单地部署应用或推理模型不同，第三种关系着眼于多人协同训练，如联邦学习（federated learning，FL）。如何激励用户积极参与协同训练，并依据用户表现进行奖惩是本章研究工作的动机，即边缘协同训练中的激励机制设计。

诸如角色异构性和信息不对称性在内的多人协同训练特点对设计一个高效合理的激励机制至关重要。我们将协同训练发布者称为"委托人"（principal），将协同训练的参与者称为"代理人"（agent）。时至今日，已有部分工作展开了对代理人异构性的研究，他们将代理人异构性刻画成其计算能力存在不同。但是关于委托人的异构性却鲜有人涉足。在本章节中，我们将委托人的异构性反应在不同委托人因协同训练带来的性能提升差异。具体来说，对于一般委托人来说，协同训练带来的效果往往是超预期且其自身难以达到的。而对于超群的委托人来说，选择协同训练往往不是为了提升训练效果而是出于其他目的。为了使不同委托人的成本和收益相对应，同时为了便于分析不同角色行为和结果之间的对应关系，我们引入了合约理论来解决这种匹配问题。

我们认为在交易行为中存在两种信息不对称类型。交易中买卖双方之间的信息差被称为"外部不对称信息"（external asymmetric information）。举例来说，我们以数字 1～10 来刻画对某商品的熟悉程度，数字越大代表越熟悉该商品。假设卖家 A 非常了解该商品（10），买家 B 仅对该商品略知一二（2），买家 C 对该商品较为熟悉（6），这种对商品熟悉程度的差异就是一种外部不对称信息。对于卖家来说更希望提升信息差以期待获得更高利润，而对于买家来说更希望减少信息差以减少成本。显然，不对称信息会显著影响双方在交易中的利益。此外，面对不同类型的买家，卖家也会制定不同的价格策略来保证交易的顺利进行以获得利润。另外一种信息不对称类型被称为"内部不对称信息"（internal asymmetric information），其来源是同一交易个体对不同商品的信息差。例如，同样为买家 B，对电子产品更为熟悉（8），而对古董字画一窍不通（1）。同样，内部信息不对称性会影响交易个体对交易利润的期望，从而决定其交易决策。总而言之，信息不对称性是设计激励机制时不可忽略的重要因素。

尤其是在多人协同训练场景，由于代理人的隐私设置，委托人不会提前得知代理人的类型（包括代理人的处理能力、代理人更擅长的任务类型、代理人的声誉等）。这使得代理人拥有委托人所不知的"私人信息"，这种信息差就是该场景下的外部不对称信息。与此同时，同一个代理人对不同的训练任务具有不同的感知能力（训练所需数据集、训练所需算力等），这种信息差是该场景下的内部不对称信息，这会影响代理人的训练成本、训练效果以及对多人协同训练的贡献度。总之，不对称信息的存在对多人协同训练参与主体的策略及利益有重要影响。一般来说，在强不完全信息场景中，委托人不知道代理人具体的类型，只知道代理人类型的概率分布。现有一些工作研究了协同训练算法和激励机制，但他们假设任务发布者拥有全局信息，这与真实应用场景是不匹配的。因此，多人协同训练激励机制设计中全面考虑信息不对称性如何对训练效果产生影响的工作仍然需要补足。

　　另外，与传统人工智能机制不同的是，在边缘智能场景中个体随机性是不得不考虑的关键因素。边缘用户之间的通信过程往往是短期且多变的，其中蕴含了诸如用户随机移动、网络随机波动等诸多不可预测性。我们也称之为边缘网络的动态性。另一方面，从边缘智能市场的角度来看，参与人的行动将暴露其私人信息，这导致了不对称信息的动态性，进而影响委托人的出价策略。我们称之为经济市场的动态性。在不考虑动态性时，即使短期合约高效可行，也极容易在长期过程中出现棘轮效应，最终劣币驱逐良币，形成柠檬市场。因此，在本章中我们基于静态分析设计了基于合约的动态激励机制。

　　目前鲜有工作综合考虑了以上所有因素，为了使各个角色（委托人、代理人）积极参与边缘协同训练，我们在设计激励机制时主要考虑以下问题：

　　（1）如何结合边缘环境特性刻画委托人、代理人异构性？

　　（2）如何在不对称信息场景中设计激励机制？

　　（3）如何解决动态问题促进长期合同的签订，保证对双方的长期激励性？

　　在本章中，首先结合信息经济学和协同训练理论建立了协同训练模型、代理人收益模型和委托人收益模型。利用时间边际收益刻画委托人异构性，同时算力不同反映了代理人异构性。此外，通过引入一种根据训练贡献度区分代理人类型的方法，这也是表征代理人异构性的重要因素之一。最后，在静态和动态环境下分别研究了完全信息和不完全信息两种场景下的激励机制设计问题。

本章意在设计一个可行机制鼓励边缘用户参与协同训练。通过对多人协同训练场景进行系统全面的分析，在动态不对称信息场景下提出一个基于合约理论的可扩展双阶段激励机制（MotiLearn）。该机制的名称也正反映了本章的目的，其中"Moti"是"motivate"的缩写，"learn"代表了协同训练和学习。与现有工作相比，本章的主要贡献总结如下：

（1）全面考虑了异构性对多人协同训练收益的影响。具体来说，不仅考虑了用户算力差异，并且引入了贡献度来刻画代理人异构性，通过时间边际收益刻画委托人异构性。

（2）对信息不对称和动态性进行了全面系统的讨论。研究了静态环境下完全信息和不完全信息激励机制的差异，不仅揭示了边缘协同训练的基本规律，也阐明了引入动态环境的重要性。

（3）在动态不完全信息场景中，提出了一个基于合约理论的易扩展、易部署激励机制 MotiLearn 以激励用户积极参与协同训练并付诸全力。根据个人理性和激励相容约束，提供了合约可行性的充要条件。

（4）理论证明和仿真实验证明，不论在静态还是动态环境，本书所提机制为协同训练中的委托人和代理人提供了正收益。同时在激励作用下，训练效果一定程度上优于现有方法，以上表明本书所提机制是可行、稳定、正向激励的。

本章的其余部分安排如下：在 5.2 节中，介绍了协同训练模型、训练角色收益模型。在 5.3 节和 5.4 节中，分别讨论了静态、动态、完全信息和不完全信息场景下的激励机制设计问题。通过静态场景分析，得出引入动态环境的重要性。并在动态不完全信息场景中设计了一个可行的双阶段激励机制。在 5.5 节中，对本章所提机制进行了性能评估。最后，5.6 节对本章进行了总结。

5.2　系 统 模 型

在这一节中，我们将介绍边缘智能环境中的委托人和代理人如何分配任务以及他们各自的成本和收益。我们将着重介绍多人协作训练的特点，包括角色异构性和信息不对称性。我们从时间和能量消耗的角度来描述任务训练成本，以此作为代理人的计算成本。此外，我们还引入了数据评估系统、信息经济学理论和边际满意度来分别评估委托人和代理人的最终收益。

5.2.1　边缘智能环境

为了更好地揭示边缘智能环境下协作与竞争的激励关系，我们主要研究边缘智能中的多人协作训练过程，并重点研究联邦学习模型。需要声明的是，对边缘智能系统更全面的讨论超出了本章的研究范围，但是本章的研究内容具有一定的普适性特点。具体来说，与许多关于联邦学习的文献一样，我们考虑一个典型的边缘联邦学习环境，在这样的环境中，一系列的智能设备可以在一定范围内自主通信。

在图 5.1 中所示的环境中，任何有任训练需求的设备都可以发布训练任务，这样的任务发布者被称为"委托人"（principal）。任何具有模型训练能力并愿意参与协作训练的设备被称为"代理人"（agent）。在图5.1中我们采用了左右对比的形式展现了边缘智能的特点。左半部分彰显了一个通用的联邦学习模型，当委托人有任务发布时将训练模型下发至各个代理人处，代理人经过自身训练将最终的训练参数和结果返回给委托人。右半部分中委托人"变了模样"，说明了边缘智能的第一个特点：动态性。每次任务的委托人可能都不一样，也具有不一样的任务需求和处理能力，与此同时在边缘智能环境中委托人和代理人的角色随时可能互换。此外，动态性还体现在用户的"流动性"，如图5.1右半部分展示，1号代理人已经断开了连接（可能因为移动出了连接区域，可能因为能耗约束不达标）。更重要的是，随着时间的流逝，各个代理人的真实能力会逐渐暴露于环境（以代理人的不同大小表示）。因此本章的工作旨在保证代理人利益的前提下最大化委托人的利益，使得双方利益有保障促使边缘设备参与协同训练，形成良性循环。

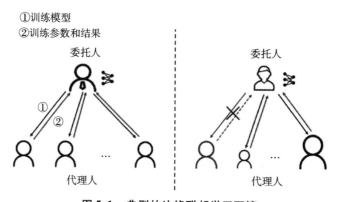

图 5.1　典型的边缘联邦学习环境

　　机器学习任务包括依赖于计算能力的任务，如图像识别等，也包括依赖于感知数据的任务，如 Gboard 输入法系统（一个具有内容建议和下一个单词预测的输入法系统）。在本章中，无论面对哪种类型的人物，代理人都依靠自身的计算能力和感知数据，在自己的设备上独立训练共享的全局模型。然后他们将模型参数和训练结果上传给委托人，如权重、识别百分比和图像分类结果。委托人应根据训练效果和代理人的数据价值向代理付费。表 5.1 列出了本章使用的数学符号及其物理意义。

表 5.1　　　　　　　　本章所使用数学符号及其物理意义

数学符号	物理意义
x_i	数据样本 i 的输入
y_i	数据样本 i 的期望输出
ω	训练参数
$y(x_i, \omega)$	输入为 x_i，参数为 ω 时的实际输出
D_a	代理人 a 的数据集
d_a	代理人 a 的数据集规模
$f(\omega)/F(\omega)$	损失函数
$\mathcal{A}$	代理人集合
$|\mathcal{A}|$	代理人数量
f_a	代理人 a 的计算能力，即 CPU 时钟频率
c_a	训练单位数据样本所需的 CPU 周期数
T_a	代理人 a 单次迭代所花时间
κ	取决于芯片架构的有效开关电容
E_a	代理人 a 单次迭代所需能耗
$ConV_a$	代理人 a 训练的贡献度
$V(\sim)$	损失函数 $F(\omega)$ 的相反数

续表

数学符号	物理意义
i_a	代理人 a 所拥有的训练数据集
$|i_a|$	代理人 a 用于训练的样本数
I	边缘环境中所有训练数据集
$|I|$	边缘环境中用于训练的样本数
R	代理人的标准化收入
ϵ	训练迭代次数
B_a	代理人 a 的训练利润
S_a	时间检验因子
T_{local}	委托人自行训练所需时间
PP	委托人利益
Pi	潜在代理人类型
ΔT	对于委托人来说的时间边际提升
P	每单位时间经济效益
ProS	信息不对称带来的选择概率
f_L	计算能力下限
f_H	计算能力上限
$F(f_a)$	静态完全信息场景中代理人的计算能力分布函数
V	静态不完全信息场景中代理人使用计算能力下限的概率
δ	动态环境中的贴现因子
N	动态不完全信息场景中代理人类型数量
Φ	动态不完全信息场景中的合约款项
R_1/R_2	动态环境不同阶段委托人的价格策略

通常来说，我们可以利用损失函数来描述一个模型的训练效果。损失函数刻画了预测效果与真实样本之间的差距。具体来说，一个训练数据样本 $i(x_i, y_i)$ 由两部分组成，即输入 x_i 和预期

输出 y_i。训练的目的是找到最佳的模型参数 ω^{ast}，使得当输入为 x_i 时，能够准确输出 y_i^{ast}。假设当输入为 x_i，模型参数为 ω 时，此时输出为 $y(x_i, \omega)$，那么损失函数 $f_i(\omega)$ 用来描述 $y(x_i, \omega)$ 与 y_i^* 之间的差距。假设代理人 a 有一个数据量为 d_a 的训练数据库 D_a，使用这些数据进行训练的损失函数定义如下：

$$F_a(\omega) \triangleq \frac{1}{d_a} \sum_{i \in D_a} f_i(\omega) \tag{5.1}$$

通常学习（训练）问题是找到使损失函数最小化的最佳模型参数 ω^{ast}，即：

$$\omega^* = \arg \min_{\omega} F(\omega) \tag{5.2}$$

值得注意的是，不同类型的任务有不同的损失函数表达式。具体的损失函数名称、标准形式及其应用场景请见第 2 章中的表 2.3。

5.2.2 计算模型

我们考虑在边缘智能环境中的多人协作训练任务，其中有一个委托人（任务发布者）和 $\mathcal{A}$ 个代理人（任务执行者）参与其中。$\mathcal{A}$ 表示代理人的集合。每个代理人 $a \in \mathcal{A}$ 都有一个大小为 d_a 的本地数据库来参与多人协作训练。在多人协作训练中，本地数据样本的质量和代理人的计算能力都会影响协同训练的效果。

我们用代理人的 CPU 时钟频率 f_a 表示代理人 a 在协作训练中投入的计算能力。训练单位数据样本的 CPU 周期需求用 c_a 表示。因此，对于代理 a 来说，在每次迭代中训练所有数据所需的时间为：

$$T_a = \frac{d_a c_a}{f_a} \tag{5.3}$$

在边缘智能环境中，每个代理人的计算能力和能量储备都是有限的。对于每个代理人来说，进行多人协同训练的时间只需要小于委托人的容忍时间限制即可。但协同训练所消耗的能量，即电池电量，则与代理人自身息息相关。能耗决定了代理人是否能继续承担其他任务。因此，对于某个代理人来说，他更关心的是协同训练的能量消耗。考虑到芯片的特性，即核心芯片的能量消耗与电压和时钟频率的平方成正比，代理 a 的能量消耗可以表示为：

$$E_a(f_a) = \kappa d_a c_a f_a^2 \tag{5.4}$$

其中，κ 取决于代理人 a 芯片结构的芯片有效开关电容。

5.2.3　代理人收益模型

在刻画代理人收益模型之前，我们需要讨论如何评估某个代理人在整个多人协同训练中的作用。这个问题在边缘智能激励设计中得到了很多关注。Ghorbani 等人通过提出数据 Shapley 值来量化每个数据的价值，解决了有监督机器学习中的数据估值问题。在此基础上，我们也利用联盟博弈中的 Shapley 值来评估边缘智能多人协作训练中每个代理人的贡献值。贡献值可以刻画如下：

$$\mathrm{ConV}_a = \sum_{i_a} (V\{I\} - V\{I \backslash i_a\}) \frac{|i_a|! \times (|I| - |i_a| - 1)!}{(|I| - 1)!}$$

$$\tag{5.5}$$

其中，i_a 和 I 分别代表代理人 a 和所有代理人的训练数据。$|i_a|$ 和 $|I|$ 代表用于训练的数据数量。$|\sim|$ 和 $(\sim)!$ 分别代表绝对值和阶乘。我们利用函数 $V(i_a)$ 来表示数据集为 i_a 时的训练效果。为了计算方便，我们将 $V(\sim)$ 定义为损失函数的相反数，即 $V(\sim) = -F(\omega)$。从上述定义可以看出，代理人 a 的贡献值体现在训练数据是否包含代理人 a 的数据而引起的损失函数差异上。

对于每个代理人来说，收益是执行任务的奖励减去成本，可表示为：

$$\mathbb{B}_a = (\mathrm{ConV}_a R - \epsilon E_a)\mathbb{S}_a \tag{5.6}$$

其中，R 是代理人的标准收入。ϵ 是代理人训练迭代次数，由代理人根据时间限制和委托人任务的预期质量决定。$\mathbb{S}_a$ 是一个二元变量，是检验代理人 a 是否合格的时间检验因子，判断的主要依据是本地训练时间是否超过了委托人的容忍时间：

$$\mathbb{S}_a = \begin{cases} 1 & \text{if } \epsilon T_a < T_{\mathrm{local}} \\ 0 & \text{otherwise} \end{cases} \tag{5.7}$$

其中，T_{local} 是委托人自行训练所需要的时间，也就是委托人的容忍时间。

5.2.4　委托人利润模型

委托人的信息不对称性主要体现在对代理人私人信息的不完全掌握。在分布式协同训练环境中，委托人不知道每个代理人的具体处理能力和训练数据样本，但知道代理人的分组类别和每个类别的数量。我们用选择概率 ProS 来表示这种信息不对称性。

在本章工作中，委托人的利润采用收入减去成本的基本模型，其中成本是每个代理人的协作训练费用，我们把收入刻画成协作训练带来的时间增益。具体来说，我们把协作训练带来的时间节省作为委托人的收益。委托人的利润由以下公式给出：

$$PP = \sum_{a \in \mathcal{A}} \sum_{\pi} ProS(\Delta Tp - ConV_a R)S_a \qquad (5.8)$$

其中，π 是代理人的潜在类型，$\Delta T = T_{local} - \epsilon T_a$ 表示时间增益，p 是单位时间的经济效益。

5.3 静态激励机制设计

在本节中，我们分别讨论了在完全信息条件和不完全信息条件下，静态边缘智能环境中的激励机制。这项工作中讨论的激励机制实际上是代理人和委托人之间的签约过程。静态环境中的双边契约问题是信息不对称中最基本的问题之一。所谓静态，是指双方之间的契约关系是一次性的，在签约过程中不能重新协商，契约不会随时间变化。虽然静态合约的构成是理想的，但作为动态合同的基础，有必要先对其进行讨论。通过分析，静态合约的结果也将有助于揭示动态合约的必要性。

如前所述，在边缘智能环境中，委托人不会完全知道代理人的私人信息（如对任务的认识水平、能力水平、努力程度等）。本章工作中的完全信息条件应更准确地称为弱 – 不完全条件。在这种情况下，委托人在一定程度上了解代理人的部分信息，如代理人能力的阈值和概率分布。

5.3.1　完全信息场景

由于代理人 a 的私人信息是一个随机参数，它代表了协作训练中的努力程度和计算能力。我们假设 f_a 在区间 $f_a \in [f_L, f_H]$ 中随机分布，其分布函数为 $F(f_a)$，以上所有信息是委托人所掌握的。

为了保证每个合格的代理人（$\mathbb{S}_a = 1$）都能通过协同训练获得非负的收益，激励机制需要满足以下个体理性条件（individually rational，IR）：

$$IR: ConV_aR - \epsilon E_a \geq 0 \qquad (5.9)$$

根据公式（5.8），用实现的时间增益减去付给代理人的总报酬，就可以得到委托人的预期利润（PP），具体由以下公式给出：

$$PP = \sum_{a \in \mathcal{A}} \int_{f_L}^{f_H} (\Delta Tp - ConV_aR) dF(f_a) \qquad (5.10)$$

本工作中激励机制的设计是在保证代理人合理收益的前提下，建立合理的合约，使委托人利益最大化，从而促进边缘智能市场中多人协同训练的良性运行。我们将优化问题定义如下：

$$\max PP(R, f_a) = \sum_{a \in \mathcal{A}} \int_{f_L}^{f_H} (\Delta Tp - ConV_aR) dF(f_a) \qquad (5.11)$$

受制于

$$IR: ConV_aR - \epsilon E_a \geq 0$$

引理 5.3.1　在完全信息情况下，为了使委托人的利润最大化，在每个代理人的最佳策略下每个代理人的利益都为 0，即：

$$\mathrm{ConV_aR} = \epsilon \mathrm{E_a} \qquad (5.12)$$

证明: 我们可以从公式 (5.8) 给出的 PP 定义中直观地推导出,委托人的利润随 $\mathrm{ConV_aR}$ 增加而递减。因此,当 $\mathrm{ConV_aR}$ 最小时,委托人可以获得其最大利益。同时,为了满足 IR,$\mathrm{ConV_aR}$ 达到最小时即满足代理人的最小利益要求时,也就是当每个代理人的利益为 0 时的 $\mathrm{ConV_aR}$。

通过将式 (5.12) 以及 $\Delta \mathrm{T}$ 和 $\mathrm{E_a}$ 的定义代入式 (5.10),委托人的预期利润由以下公式给出:

$$\mathrm{PP} = \sum_{a \in \mathcal{A}} \int_{f_L}^{f_H} (S(f_a)) \, dF(f_a) \qquad (5.13)$$

其中,$S(f_a) = \left(T_{local} - \epsilon \dfrac{d_a c_a}{f_a} \right) p - \kappa d_a c_a f_a^2$。

因此优化问题可以被转化为:

$$\max PP(f_a) = \sum_{a \in \mathcal{A}} \int_{f_L}^{f_H} (S(f_a)) \, dF(f_a) \qquad (5.14)$$

我们可以直观地求出一阶导数为 0 的点,找到委托人获得最大利益时代理人的最优计算能力 (f_a^*)。由于 $\dfrac{\partial^2 (S(f_a))}{\partial (f_a)^2} = -\dfrac{2 f_a d_a c_a \epsilon p}{f_a^4} - 2\epsilon \kappa d_a c_a < 0$,因此局部最优解存在且为唯一的全局最优值点,其最优值满足 $\dfrac{\partial (S(f_a))}{\partial (f_a)} = \dfrac{d_a c_a \epsilon p}{f_a^2} - 2\epsilon \kappa d_a c_a f_a = 0$。因此,在静态完全信息场景下,为了使委托人利益最大,可得代理人的最优计算能力为 $f_a^* = \sqrt[3]{\dfrac{\epsilon p}{2\kappa}}$。

结果显示,尽管代理人在完全信息情况下似乎"无利可图"，但代理人愿意付出的努力程度（计算能力）随着单位时间的经济价值 p 的增加而增加。在这种场景下代理人的激励完全来自"自觉自愿"的行为，其深层驱动力可能是边缘智能中存在的角色转换，即可能在下次协同训练中，这次的代理人可能会成为委托人，因此在其作为代理人时也愿意付诸努力，这是符合市场规律的。

5.3.2　不完全信息场景

在不完全信息的情况下，我们的假设将更加严格，也就是说，委托人对代理人的能力分布一无所知。我们假设对任何代理人来说，有两种潜在的计算能力 f_L 和 f_H，分别对应出现概率为 v 和 $1-v$。$\overline{(\sim)}$ 和 $\underline{(\sim)}$ 分别用来代表某个参数的上界和下界。因此，边缘智能市场中任何合格的代理人带给委托人的预期利润可以表示为：

$$PP = v(\underline{\Delta T}p - ConV_aR) + (1-v)(\overline{\Delta T}p - ConV_aR) \qquad (5.15)$$

其中，$\underline{\Delta T}$ 和 $\overline{\Delta T}$ 分别为最小和最大的时间收益。显然 $\underline{\Delta T} < \overline{\Delta T}$。此外，代理人在计算能力上的投资越多，其在协作训练中的能量消耗就越大。由于个人理性约束的存在，为了使代理人有动力选择投入高计算能力，需要满足以下 IR 条件：

$$IR: \underline{ConV_aR} - \epsilon\overline{E_a} \geq 0 \qquad (5.16)$$

为了使自己的利益最大化，委托人会选择最小的支出，因此将式（5.16）代入式（5.15）中，我们可以得到委托人利益关于概率 v 的一阶导数如下：

$$\frac{\partial PP}{\partial v} = \underline{\Delta Tp} - \overline{\Delta Tp} = p(\underline{\Delta T} - \overline{\Delta T}) < 0 \qquad (5.17)$$

这个结果意味着，随着每个代理人选择低生产率的概率增加，委托人的利润也会减少。当代理人更倾向于选择低生产率时，委托人的收入就会减少，委托人就会减少用于奖励代理人的支出，这样就会使代理人更加被动，从而形成恶性循环。在已形成的最终边缘智能市场中，由于委托人的报酬太低，代理人不愿意提供高质量的服务，而委托人由于缺乏良好的训练效果激励，也不愿意发布任务。这就是一个典型的柠檬市场。

通过对静态激励机制的分析，我们发现"一锤子买卖"不利于良好市场氛围的形成。一个好的市场需要引入一个长期的评价体系。这也是我们在下一节研究动态激励机制的动机。

5.4　动态激励机制设计

在这一节中，我们将讨论代理人和委托人之间的动态关系。动态的契约关系意味着代理人和委托人可能有长期的合作关系，而且合约可能随着时间的推移而重复或重新谈判。当契约关系中存在逆向选择问题时，也就是说，当代理人拥有委托人不具备的信息时，随着时间的推移代理人的行为和决策会暴露出他的私人信息，从而影响下一阶段的契约关系。

一方面，从"智能"（多人协同训练市场）角度来看，动态契约考虑了双方交易过程中的时间变化性和连续性；另一方面，从"边缘"（边缘计算）角度来看，动态契约考虑到了边缘用户的特点所带来的不确定性（网络波动性和角色异构性）。结合以上两点，我们认为对动态契约关系的研究是必要的。

5.4.1 完全信息场景

本节中基本参数的设置与静态完全信息场景类似，只是我们认为在动态契约过程中有两个阶段，$t = 1，2$。在第一个阶段开始时，委托人提供了一个价格方案 R_1，代理人通过计算能力 f_{a1} 以成本 ϵE_{a1} 对该方案做出反应，并根据训练结果获得 $ConV_a R_1$ 的奖励。在第 1 阶段训练后，代理人的部分私人信息将被委托人识别。因此，委托人将重新评估代理人的情况，并提供一个新的激励方案 R_2，而代理人可以相应地选择相匹配的计算能力。

同样地，对代理人也同样要满足个人理性约束。对于第 2 阶段的代理人来说，个人理性约束与式（5.9）并无太大区别：

$$IR_2: ConV_a R_2(f_{a,1}) - \epsilon E_{a,2}(f_{a,1}) \geq 0 \qquad (5.18)$$

式（5.18）和前文的主要区别体现在代理人在第二阶段付出的计算能力（$f_{a,2}$）与第一阶段的计算能力 $f_{a,1}$ 有关，导致委托人愿意支付的报酬（R_2）和代理人在第二阶段的能量消耗（$E_{a,2}$）都与 $f_{a,1}$ 有关。对于第一阶段的代理人来说，他们的个人理性约束不仅要考虑当前阶段的收益，还要考虑第二阶段的预期收益，因此应满足以下个人理性约束。

$$IR_1: ConV_a R_1 - \epsilon E_{a,1} + \delta \int_{f_L}^{f_H} B_{a,2}(f_{a,1}) dF_2(f_{a,1}) \geq 0 \qquad (5.19)$$

其中，δ 是经济学领域中常见的贴现因子，一些学者用 δ 来描述货币的时间价值，δ 代表一段时间后单位价值的现值。因此，我们用 δ 来表示时间对效益的影响，这是一种动态的表现。

在考虑到两个阶段时，委托人的总利润可以定义为：

$$PP = PP_1 + \delta PP_2$$

$$= \sum_{a \in \mathcal{A}} \int_{f_L}^{f_H} (\Delta T_1 p - ConV_a R_1) dF(f_{a,1})$$

$$+ \delta \sum_{a \in \mathcal{A}} \int_{f_L}^{f_H} (\Delta T_2(f_{a,1}) p - ConV_a R_2) dF_2(f_{a,2}) \qquad (5.20)$$

为了使委托人在两个阶段的利润最大化，完全信息场景下的优化问题可以描述如下：

$$\max PP(R, f_a) = PP_1 + \delta PP_2 \qquad (5.21)$$

受制于

$$IR_1 : ConV_a R_1 - \epsilon E_{a,1} + \delta \int_{f_L}^{f_H} B_{a,2}(f_{a,1}) dF_2(f_{a,1}) \geqslant 0$$

$$IR_2 : ConV_a R_2(f_{a,1}) - \epsilon E_{a,2}(f_{a,1}) \geqslant 0$$

引理 5.4.1 在完全信息情况下，为了使委托人的利润最大化，在每个阶段的最佳策略下每个代理人的利益都为 0，即：

$$ConV_a R_1 = \epsilon E_{a,1}$$

$$ConV_a R_2(f_{a,1}) = \epsilon E_{a,2}(f_{a,1}) \qquad (5.22)$$

证明：该引理证明的思路与引理 5.3.1 相似，因此省略了证明的具体步骤。

委托人的预期利润可以改写为：

$$PP \sum_{a \in \mathcal{A}} \int_{f_L}^{f_H} Z(f_{a,1}, f_{a,2}) dF(f_a) \qquad (5.23)$$

其中，$Z(f_{a,1}, f_{a,2}) = \Delta T_1 p - \epsilon E_{a,1} + \delta [\Delta T_2(f_{a,1}) p - \epsilon E_{a,2}$

$(f_{a,1})]$。我们同样可以通过求解一阶导数等于 0 的点，分别找到 $f_{a,1}$ 和 $f_{a,2}$ 的最优解。首先，二阶导数可以如下表示：

$$\frac{\partial^2(Z(f_{a,1}, f_{a,2}))}{\partial(f_{a,1})^2} = -\frac{2f_{a,1}d_a c_a \epsilon p}{f_{a,1}^4} - 2\epsilon\kappa d_a c_a < 0,$$

$$\frac{\partial^2(Z(f_{a,1}, f_{a,2}))}{\partial(f_{a,2})^2} = -\frac{2f_{a,2}d_a c_a \epsilon p}{f_{a,2}^4} - 2\epsilon\kappa d_a c_a < 0$$

任何使 $Z(f_{a,1}, f_{a,2})$ 最大化的最优解都应该满足如下条件：

$$\frac{\partial(Z(f_{a,1}, f_{a,2}))}{\partial(f_{a,1})} = \frac{d_a c_a \epsilon p}{f_{a,1}^2} - 2\epsilon\kappa d_a c_a f_{a1} = 0,$$

$$\frac{\partial(Z(f_{a,1}, f_{a,2}))}{\partial(f_{a,1})} = \frac{d_a c_a \epsilon p}{f_{a,2}^2} - 2\epsilon\kappa d_a c_a f_{a,2} = 0$$

我们可以得到在动态完全信息情况下，不同阶段代理人的最佳生产力（计算能力）分别为 $f_{a,1}^* = \sqrt[3]{\dfrac{\epsilon p}{2\kappa}}$ 和 $f_{a,2}^*(f_{a,1}) = \sqrt[3]{\dfrac{\epsilon p}{2\kappa}}$。

值得注意的是，与静态的完全信息场景相比，代理人的最优决策并没有改变。这一结果表明，无论在静态还是动态环境下，如果市场是完全信息公开的，市场双方都会按照既定的规则进行"完美"（perfectly）交易。委托人参与的动机是为了获得时间增益，而边缘智能市场的潜在角色转换是代理人参与的动机。然而，这样一个完全信息的场景是不现实的。

5.4.2　不完全信息场景

在不完全信息场景的协同训练的情况下，委托人不知道代理人的具体计算能力，也不知道代理人将使用什么样的数据集进行训练。这些都会影响前文提到的个人贡献 $ConV_a$。在本节中，我们从贡献值的角度来定义用户的类型。我们假设贡献值是按升序排列的，即 $0 \leqslant ConV_1 \leqslant ConV_2 \leqslant \cdots \leqslant ConV_N$，其中 N 是代理人类型的数量。此外，类型 – $ConV_n$ 代理人的总数为 N_n，这是委托人拥有的唯一信息。

对于上述每种类型的代理人，委托人应该设计一个具体的合约，以鼓励代理人参与协同训练，同时使自己的利润最大化。因此，对于类型为 $ConV_n$ 的代理人，我们为合格的代理人设计的合约款项表示为 (E_n, R_n)，其中 E_n 代表协作训练的能耗，由协作训练所用的计算能力 f_n 决定，而 R_n 表示来自委托人的标准报酬。该合约可以表示为 $\Phi = \{(E_n, R_n), \forall n \in N\}$，其中 $\mathbb{N} = \{1, 2, \cdots, N\}$。

在不完全信息的情况下，委托人不知道代理人的具体类型，因此在这种情况下不可能强迫代理人接受某些合约。这就需要设计一个更合理的激励机制，进一步保证激励相容性（incentive compatibility，IC）约束。激励相容约束表明，在任何合理的合约中，类型为 $ConV_n$ 的代理人更愿意选择与类型 $ConV_n$ 相对应的合约款项，即：

$$IC: ConV_n R_n - \epsilon E_n \geqslant ConV_n R_i - \epsilon E_i \qquad (5.24)$$

由于动态合约分为两个阶段，我们采用序贯优化的方法，利用逆序分析法先分析第二阶段的情况。在第二阶段，为了保证代理人获得非负收益，并在选择适当类型的合约款项时实现收益最大化，应满足以下 IR 和 IC 约束条件：

$$IR_2: ConV_{n,2} R_{n,2} (\widetilde{ConV_a}) - \epsilon E_{n,2} \geqslant 0$$

IC_2：$ConV_{n,2}R_{n,2}(\widetilde{ConV_a}) - \epsilon E_{n,2} \geqslant ConV_{n,2}R_{i,2}(\widetilde{ConV_a}) - \epsilon E_{i,2}$

其中，$\widetilde{ConV_a}$ 是代理人 a 在第 1 阶段表现出的类型。

接下来，类似于大多数涉及合约的工作，我们需要分析第二阶段合约的可行性和必要条件。

命题 5.4.1　必要条件 1. 对于任意 i，$j \in N$，$E_{i,2} > E_{j,2}$ 当且仅当 $R_{i,2} > R_{j,2}$。

证明：通过对上述 IC 约束的变形，我们可以得到：

$$ConV_{i,2}R_{i,2} - \epsilon E_{i,2} \geqslant ConV_{i,2}R_{j,2} - \epsilon E_{j,2}$$

$$\Rightarrow ConV_{i,2}(R_{i,2} - R_{j,2}) \geqslant \epsilon(E_{i,2} - E_{j,2})$$

若 $R_{i,2} > R_{j,2}$，我们可以得到 $\epsilon(E_{i,2} - E_{j,2}) \geqslant 0$，因此 $E_{i,2} > E_{j,2}$。若 $E_{i,2} > E_{j,2}$，我们可以得到 $ConV_{i,2}(R_{i,2} - R_{j,2}) \geqslant 0$，因此 $R_{i,2} > R_{j,2}$。

命题 5.4.2　必要条件 2. 对于任意 i，$j \in N$，若有 $ConV_{i,2} > ConV_{j,2}$ 则 $R_{i,2} > R_{j,2}$。

证明：我们利用反证法来对该命题进行证明。假设 $ConV_{i,2} > ConV_{j,2}$ 时，$R_{i,2} < R_{j,2}$ 成立。我们可以得到如下不等式：

$$(ConV_{i,2} - ConV_{j,2})(R_{j,2} - R_{i,2}) > 0$$

$$\Rightarrow ConV_{i,2}R_{j,2} + ConV_{j,2}R_{i,2} > ConV_{i,2}R_{i,2} + ConV_{j,2}R_{j,2}$$

由于 IC 约束，我们可以得到：

$$ConV_{i,2}R_{i,2} - \epsilon E_{i,2} \geqslant ConV_{i,2}R_{j,2} - \epsilon E_{j,2}$$

$$ConV_{j,2}R_{j,2} - \epsilon E_{j,2} \geqslant ConV_{j,2}R_{i,2} - \epsilon E_{i,2}$$

通过合并上述不等式，得到如下结果：

$$ConV_{i,2}R_{i,2} + ConV_{j,2}R_{j,2} \geqslant ConV_{i,2}R_{j,2} + ConV_{j,2}R_{i,2}$$

这与所提假设相矛盾，命题得证。

命题 5.4.1 表明，在协同训练过程中，满足要求的代理人投入的计算能力越强（能耗越大），获得的奖励就越多，反之亦然。命题 5.4.2 表明，较高类型的代理人（较高贡献的代理人）理应得到更多的奖励。如上两条命题都符合边缘智能经济市场规律。

通过以上两个命题，我们可以得到使得第二阶段合约可行的充要条件。

定理 5.4.1 第二阶段合约可行的充要条件。当且仅当如下条件满足时，第二阶段合约 $\Phi_2 = \{(E_{n,2}, R_{n,2}), \forall n \in N\}$ 可行：

C1：$\mathrm{ConV}_{n,2} R_{n,2}(\widetilde{\mathrm{ConV}_a}) - \epsilon E_{n,2} \geq 0$

C2：$0 \leq E_{1,2} \leq E_{2,2} \leq \cdots \leq E_{N,2}$，$0 \leq R_{1,2} \leq R_{2,2} \leq \cdots \leq R_{N,2}$

C3：对任意 $n = 2, 3, \cdots, N$，$\epsilon E_{n-1,2} + \mathrm{ConV}_{n-1,2}(R_{n,2} - R_{n-1,2}) \leq \epsilon E_{n,2} \leq \epsilon E_{n-1,2} + \mathrm{ConV}_{n,2}(R_{n,2} - R_{n-1,2})$

证明：我们首先证明充分条件。显然，条件 C1 是类型为 ConV_n 代理人的 IR。而基于以上两个命题，我们可以得出结论，在一个可行的合约中，$(E_{n,2}, R_{n,2})$ 的每个配对组应该满足：

$$0 \leq E_{1,2} \leq E_{2,2} \leq \cdots \leq E_{N,2}, \quad 0 \leq R_{1,2} \leq R_{2,2} \leq \cdots \leq R_{N,2}$$

这也就是条件 C2。

因此，证明条件 C3 成立时合约可行是非常关键的。为了方便讨论和增强可读性，我们在下面的证明过程中省略了下标"2"。当一个有 n 项的合约 $\Phi(n)$ 可行时，我们需要证明当增加一个 (E_{n+1}, R_{n+1}) 款项时，新的拥有 $n+1$ 项的合约 $\Phi(n+1)$ 仍然是可行的。为了实现这一点，我们需要满足以下两个条件：

（1）对于类型为 ConV_{n+1} 的代理人，他的 IC 和 IR 约束仍需满足。

（2）对于现有的代理人类型，现有的 IC 约束不应该受到新款项增加的影响。

我们可以将上述条件表示为以下不等式：

$$IR: ConV_{n+1}R_{n+1} - \epsilon E_{n+1} \geqslant 0$$

$$IC: ConV_{n+1}R_{n+1} - \epsilon E_{n+1} \geqslant ConV_{n+1}R_i - \epsilon E_i$$

$$IR_i: ConV_i R_i - \epsilon E_i \geqslant ConV_i R_{n+1} - \epsilon E_{n+1}$$

由于合约 $\Phi(n)$ 可行，对于原有的 n 个款项，类型为 $ConV_n$ 的代理人 IC 条件需要满足，即：

$$ConV_n R_n - \epsilon E_n \geqslant ConV_n R_i - \epsilon E_i$$

条件 C3 的右边不等式可以转化为：

$$\epsilon E_{n+1} \leqslant \epsilon E_n + ConV_{n+1}(R_{n+1} - R_n)$$

通过将以上两个不等式相加，我们可以得到：

$$ConV_n R_i - \epsilon E_i + \epsilon E_{n+1} \leqslant ConV_n R_n + ConV_{n+1}(R_{n+1} - R_n)$$

此外，根据 $ConV_{n+1} > ConV_n$ 和 $R_n \geqslant R_i$，我们可以得到：

$$(ConV_{\{n+1\}} - ConV_{\{n\}})(R_{\{n\}} - R_{\{i\}}) \geqslant 0$$

$$\Rightarrow ConV_{n+1}R_n - ConV_{n+1}R_i \geqslant ConV_n R_n - ConV_n R_i$$

将上述两个不等式相加并整理后，有如下结果：

$$ConV_{n+1}R_{n+1} - \epsilon E_{n+1} \geqslant ConV_{n+1}R_i - \epsilon E_i$$

这就是类型为 $ConV_{\{n+1\}}$ 代理人的 IC 条件。

由于 $ConV_{n+1} > ConV_i$，则可以得到：

$$ConV_{n+1}R_i - \epsilon E_i \geqslant ConV_i R_i - \$E_i$$

通过把上式和 IC 条件相结合，可以得到：

$$ConV_{n+1}R_i - \epsilon E_i \geqslant ConV_{n+1}R_i - \epsilon E_i \geqslant ConV_i R_i - \epsilon E_i \geqslant 0$$

这就是类型为 $ConV_{n+1}$ 代理人的 IR 条件。

由于合同 $\Phi(n)$ 的可行性，类型为 $ConV_i$ 代理人的 IC 约束成立，即：

$$ConV_i R_n - \epsilon E_n \leq ConV_i R_i - \epsilon E_i$$

同样，条件 C3 的左侧不等式可以转化为：

$$\epsilon E_n + ConV_n(R_{n+1} - R_n) \leq \epsilon E_{n+1}$$

将以上两个不等式相加，可化简得到：

$$ConV_i R_n + ConV_n(R_{n+1} - R_n) \leq ConV_i R_i - \epsilon E_i + \epsilon E_{n+1}$$

根据 $ConV_n \geq ConV_i$ 和 $R_{n+1} \geq R_n$，我们可以整理如下：

$$(ConV_n - ConV_i)(R_{n+1} - R_n) \geq 0$$

$$\Rightarrow ConV_n R_{n+1} - ConV_n R_n \geq ConV_i R_{n+1} - ConV_i R_n$$

将以上两个不等式化简相加，整理后可得：

$$ConV_i R_i - \epsilon E_i \geq ConV_i R_{n+1} - \epsilon E_{n+1}$$

此为，添加第 $n+1$ 款项后，任何一个类型为 $ConV_{i}$ 代理人的 IC 条件。

以上为该定理充分条件的证明。如果增加项目后的合同是可行的，我们可以通过 IR 约束、IC 约束和两个命题轻松证明必要条件，因此我们省略具体步骤。

与上述分析类似，我们可以得到关于第一阶段合约可行充要条件的定理。

定理 5.4.2 第一阶段合约可行的充要条件。当且仅当如下条件满足时，第一阶段合约 $\Phi_1 = \{(E_{n,1}, R_{n,1}), \forall n \in N\}$ 可行：

C1 $V_{n,1} R_{n,1} - \epsilon E_{n,1} + \delta \sum_1^N ProS B_{a,2} \geq 0$

C2 $E_{1,1} \leq E_{2,1} \leq \cdots \leq E_{N,1}, 0 \leq R_{1,1} \leq R_{2,1} \leq \cdots \leq R_{N,1}$

C3 对任意 n = 2，3，…，N，

$$\epsilon E_{n-1,1} + ConV_{n-1,1}(R_{n,1} - R_{n-1,1}) \leqslant \epsilon E_{n,1}$$

$$\leqslant \epsilon E_{n-1,1} + ConV_{n,1}(R_{n,1} - R_{n-1,1})$$

因此，有两个阶段的动态合约设计问题是在上述充要条件下，使委托人的利润最大化，即：

$$\max PP(R_1, R_2, E_1, E_2) = PP_1 + \delta PP_2 \tag{5.25}$$

受制于定理 5.4.1 和定理 5.4.2。

根据序贯优化思想，我们首先获得给定能耗 E_2^* 的最佳报酬 R_2^*（它意味着计算能力 f_2^* 是固定的），然后在最佳报酬的情况下得出代理人的最优能耗及最优计算能力。利用同样方法，我们也将得到第一阶段的最优合约。

引理 5.4.2　当 $\Phi_2 = \{(E_{n,2}, R_{n,2}), \forall n \in N\}$ 可行时，若代理人的最优能耗 E_2^* 固定，则第二阶段最优报酬应满足：

$$R_{i,2} = \begin{cases} \dfrac{\epsilon E_{1,2}}{ConV_{1,2}} & i = 1 \\[3mm] \dfrac{\epsilon E_{1,2}}{ConV_{1,2}} + \displaystyle\sum_{i=2}^{n} \dfrac{\epsilon(E_{i,2} - E_{i-1,2})}{ConV_{i,2}} & i \neq 1 \end{cases} \tag{5.26}$$

证明：我们利用反证法证明该引理。我们假设存在另一个报酬 $\widetilde{R_{j,2}}$ 使得委托人利润更大。根据式（5.8），委托人利润随着 R 的增加而减少，因此对于类型为 $ConV_j$ 的代理人。至少存在 $\widetilde{R_{j,2}} < R_{j,2}^*$。

若 j = 1，则有 $\widetilde{R_{1,2}} < R_{1,2}^*$，我们可以得 $\widetilde{R_{1,2}} < \dfrac{\epsilon E_{1,2}}{ConV_{1,2}}$。这使得类型为 1 代理人的利益为负，这与 IR 约束相矛盾。若 j ≠ 1，根

据定理 5.4.1C3 条件的右侧不等式，我们可以得到：

$$\epsilon E_{j,2} \leq \epsilon E_{j-1,2} + ConV_{j,2}(\widetilde{R_{j,2}} - \widetilde{R_{j-1,2}})$$

$$\Rightarrow \widetilde{R_{j,2}} - \widetilde{R_{j-1,2}} \geq \frac{\epsilon(E_{j,2} - E_{j-1,2})}{ConV_{j,2}}$$

通过替换 $R_{j,2}^* - R_{j-1,2}^* = \dfrac{\epsilon(E_{j,2} - E_{j-1,2})}{ConV_{j,2}}$，我们可以将前面的

不等式转化为：

$$\widetilde{R_{j,2}} - \widetilde{R_{j-1,2}} \geq R_{j,2}^* - R_{j-1,2}^*$$

$$\Rightarrow \widetilde{R_{j-1,2}} \leq \widetilde{R_{j,2}} - R_{j,2}^* + R_{j-1,2}^*$$

由于 $\widetilde{R_{j,2}} < R_{j,2}^*$ 且 $\widetilde{R_{j-1,2}} < R_{j-1,2}^*$，使用递归的方法，我们可以

得到 $\widetilde{R_{1,2}} < R_{1,2}^*$，这又与 IR 条件相矛盾。

此外，我们假设存在另一个 $\widetilde{R_{j,2}}$ 使得委托人的利润等于最优

值，即 $\sum\limits_{j=1}^{N} \widetilde{R_{j,2}} = \sum\limits_{j=1}^{N} R_{j,2}^*$，因此一定存在一个收益 $\widetilde{R_{k,2}} < R_{k,2}^*$，也

存在一个收 $\$\widetilde{R_{1,2}} > R_{1,2}^*$。而针对前者我们已经证明它与 IR 条件相

矛盾。

因此，通过反证法我们证明了该引理。

根据引理 5.4.2，类型为 $ConV_n$ 的代理人在第二阶段的收益

可表示为：

$$B_{n,2} = \begin{cases} 0 & i = 1 \\ \dfrac{\epsilon E_{1,2}}{ConV_{1,2}} + \sum\limits_{i=2}^{n} \dfrac{\epsilon(E_{i,2} - E_{i-1,2})}{ConV_{i,2}} - \dfrac{\epsilon E_{n,2}}{ConV_{n,2}} & i \neq 1 \end{cases}$$

通过化简和变形，可得：

$$B_{n,2} = \begin{cases} 0 & i = 1 \\ \sum\limits_{i=2}^{n} \epsilon E_{i-1,2} \left(\dfrac{1}{ConV_{i-1,2}} - \dfrac{1}{ConV_{i,2}} \right) & i \neq 1 \end{cases} \quad (5.27)$$

以上表明只有最低类型代理人（贡献最低）的利益最低为0。随着类型的增加（贡献增加），代理人的利益也会增加，这对代理人有正向激励作用。

同样地，在第一阶段，最佳报酬应满足以下约束条件：

$$B_{n,2} = \begin{cases} \dfrac{\epsilon E_{1,1}}{ConV_{1,1}} - \delta \sum\limits_{1}^{N} ProS_n B_{n,2} & i = 1 \\ \dfrac{\epsilon E_{1,1}}{ConV_{1,1}} - \delta \sum\limits_{1}^{N} ProS_n B_{n,2} + \sum\limits_{i=2}^{n} \dfrac{\epsilon(E_{i,1} - E_{i-1,1})}{ConV_{i,1}} & i \neq 1 \end{cases}$$

$$(5.28)$$

在 $R_{i,1}$ 和 $R_{i,2}$ 确定后，通过将上述公式代入优化问题并求解一阶导数等于0的点，可以得到代理人付出计算能力的最优值（f_i）。我们省略具体步骤，直接给出 $ConV_n$ 型代理人付出的最优计算能力如下：

$$f_{n,1}^* = f_{n,2}^* = \sqrt[3]{\frac{\epsilon p ProS_n}{2\kappa}} \quad (5.29)$$

从以上结果，我们可以得出以下几个结论。首先，对于 $ConV_n$ 型代理人，第一阶段和第二阶段的最优计算能力保持不变，说明我们设计的激励机制是稳定的，能有效防止在动态和不完全信息环境下的重新谈判。第二，通过式（5.27）和5.4.1的比较，代理人从经济上无利可图变为有利可图，这与完全信息的情况有很大不同。此外，代理人的收入随着其贡献而增加，这也鼓励代理人贡献更多的计算能力。最后，值得注意的是，类型为 $ConV_n$ 的代理人付出的计算能力随着 $ProS_n$ 的增长而增加，这意味着当更多的代理人选择成为 $ConV_n$ 类型的代理人时（更多的代理人选择增加贡献），由于竞争关系，$ConV_n$ 类型的代理人付出的最佳计算能力也会提升。由于计算能力的提高，类型为 $ConV_n$ 的代理人对协同训练的贡献会更大，因此收益会更高。显然，与静态的不完全信息完全不同，这是一个良性循环。总之，我们提出的动态合同是可行、稳定和正向激励的。

5.4.3 机制流程和可扩展性讨论

在以上两节中，我们讨论了静态、动态、完全信息（complete information，CI）和不完全信息（incomplete information，II）四种情况下的激励机制。我们将结果总结于表 5.2 中。

表 5.2   **不同场景中的激励机制**

场景	完全信息	不完全信息
静态	便于分析但不切实际	棘轮效应、柠檬市场
动态	与静态完全信息相同	MotiLearn 机制

结果表明，无论是动态还是静态，完全信息情景都很容易分析，但与现实相差甚远。由于缺乏对长期利益的考虑，静态的不完全信息情景容易产生棘轮效应和柠檬市场。我们提出的 MotiLearn 机制分析了不同类型的代理人的利益，以促使代理人在动态

不完全信息场景下通过契约理论做出最优决策。该机制的执行流程如图 5.2 所示。

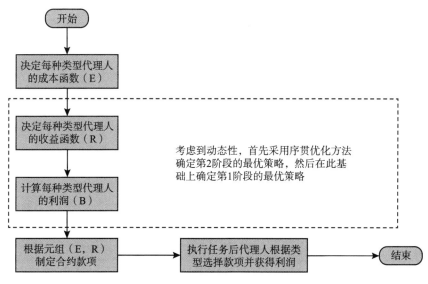

图 5.2　MotiLearn 机制流程图

我们提出的 MotiLearn 机制可以在委托人发起协作训练任务时，帮助委托人制定合约款项，代理人可以根据自己的计算能力进行协同训练。任务完成后，代理人根据其类型获得相应的报酬，这与成本和贡献有关。例如，当委托人发布一个协同图像分类任务时，首先会根据现有代理人的信息确定并设计成本函数和收益函数。然后可以计算出相应类型的收益。在所有的成本和收益确定后，委托人将根据元组（E，R）为每个类型制定合约款项。最后，当代理人完成任务后，根据其成本和贡献，将代理人分配到相应的合约款项，并获得收益。为了激励代理人积极参与到多人协同训练中，在这个机制中，所有可能的类型都对应着明确的利益。因为付出越多，受益越多，所以也能有效地激励代理人在协作训练中全力以赴，这也是这个 MotiLearn 机制的最终目标。

虽然本章以最简单的 FL 模型为基础，但我们设计的机制可以适用于大多数基于不同需求的分布式多人协同训练场景。以联邦学习为例，在本章中梳理了几种联邦学习的类型及其对应的着眼点，如表 5.3 所示。值得注意的是，这些着眼点也存在于一般的多人协作训练中。

表 5.3　　　　　　　　　联邦学习的不同类型及其着眼点

类型	着眼点
通信有效联邦学习（communication-efficient FL）	联邦学习上下行通信连接
资源优化联邦学习（resource-optimized FL）	资源分配和竞争关系
保密联邦学习（security-enhanced FL）	保密性和鲁棒性

例如，在本章中，我们假设代理人只需要上传模型参数，所以代理人和委托人之间的通信开销被忽略了。但当我们需要关注两者之间的通信过程时（communication-efficient FL），我们只需要考虑通信开销对双方利润的影响，则提出的 MotiLearn 机制就可以用来解决这个问题。当有多个委托人相互竞争代理人完成训练时（resource-optimized FL），那么在设计合约时只需要考虑其他委托人行为对自己的影响即可应用 MotiLearn 机制。

事实上，联邦学习是一种结合了边缘计算和多人协同训练的典型范式。因此，任何可以应用联邦学习的场景和系统，如机器视觉、企业风险控制、保险定价等，都可以得到我们提出机制的帮助。我们机制的作用是鼓励用户积极参与到这样的系统中，并尽其所能。总之，本章中提出的机制是一个基于基本模型的通用机制，而且该机制可以很容易地扩展以满足不同的需求和应用。

5.5　仿真实验

在这一节中，我们将通过数值实验来评估我们提出的激励机制在静态和动态环境中的表现。根据生活经验和理论分析，我们知道静态和完全信息是相对理想的场景。因此，我们以该情景为基准，评估我们设计的基于合约的激励机制在动态不完全信息条件下的可行性和正向激励性。我们将描述该机制对委托人和代理人的激励效果，并讨论异构性和其他特征对激励效果的影响。同时我们还将所提机制与现有算法做了比较。我们在配备 16GB 内存，CPU 为 Intel Xeon(R) Gold 6138 的计算机上使用 Python3.7.5 进行仿真实验。

5.5.1　代理人的激励效果评价

代理人的分阶段利益。对于代理人来说，最重要的激励是参与协作训练获得的收入和利益，其中后者等于前者减去训练成本。我们不仅要保证它们都大于零，而且要保证贡献更多计算能力和高质量训练样本的代理人获得更多的收益。这就是所谓的正向激励。仿真结果见图5.3和图5.4。我们将代理的类型标准化，并将它们从1到5排列，其中1代表贡献最小，5代表贡献最大。

图5.3表明，在第二阶段的代理人的收入和利益都大于等于0，并随着代理人的类型（贡献）而增加。前文的理论证明表示由于委托人在完全信息条件下对代理人了解透彻，会想方设法压榨代理人，导致代理人的阶段收益为0；相反，在动态不完全信息条件下，我们提出的机制只使贡献最低的代理人的收益为0，而其他代理人的收益却明显增加，这说明我们提出的机制在复杂环境中具有明显的激励效果。

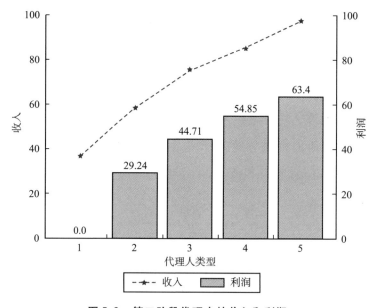

图5.3 第二阶段代理人的收入和利润

此外，我们还注意到代理人在第一阶段的收入。从图5.4中不难看出，每种类型的代理人在第一阶段都能获得正收入，而且收益随着贡献的增加而增加。一般来说，在动态不完全信息情况下的每个阶段，我们设计的激励机制都能保证代理人的非负收益。此外，我们还评估了贴现因子 δ 对代理人在第 1 阶段收入的影响。图 5.4 显示，对于任何类型的代理人，其第一阶段收入随着贴现因子的提高而减少。贴现因子的值反映了委托人是更多地关注当前利益还是长远利益。因此，贴现因子越大，意味着代理人的长期能力得到更多的关注，导致代理人在第一阶段的收入相对较少。

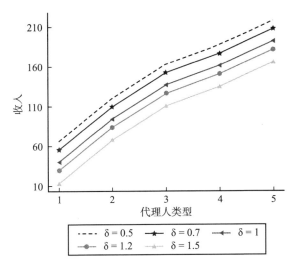

图 5.4　贴现因子不同时代理人在第一阶段收入变化情况

代理人付诸的最优计算能力。在完全信息情况下，代理人不仅只拥有最低收益，而且被迫投入最大的计算能力。仿真结果显示了代理人在动态不完全信息情况下的计算能力投入情况。

图 5.5 中的虚线表示完全信息下代理人被迫投入的计算能力。我们可以观察到，贡献值越高的代理人在协同训练中付出的计算能力越多。这也意味着，投入越多的代理人得到的好处越多，这是正向激励的。我们还验证了单位时间的经济价值 p 对代理人在合作训练中付出的计算能力的影响。p 越大，意味着委托人更重视时间收益，或者在时间方面更慷慨，因此委托人会对时间增益提供更多的奖励，代理人自然会提高计算能力，获得更多的利润。

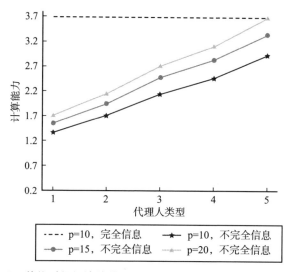

图 5.5　单位时间经济价值不同时代理人所付诸的计算能力变化

　　每种类型代理人的数量变化。我们还揭示了每种类型代理人数量的变化，以证实在动态不完全信息情况下对代理人的正向激励作用。图 5.6 提供了代理人数量变化的概况。在初始状态下，由于柠檬市场效应，代理人不愿意投入过多的计算能力来参与协同训练，因此大多数代理人的贡献率很低。随着动态激励机制的

运行，代理人实现了贡献与收益成正比的良性循环，因此他们都
在自己能力范围内尽可能多地贡献，以获得更高的收益。此时，
低类型代理人（低贡献）往往因为自身的处理能力而受到限制，
而不是不愿意投入更多计算能力。

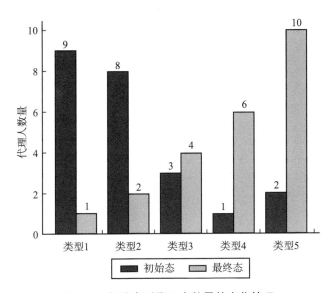

图 5.6　每种类型代理人数量的变化情况

5.5.2　委托人的激励效果评价

代理人构成对委托人利润的影响。对于委托人来说，本章中
最重要的激励机制是通过发布协同训练任务获得时间增益。首
先，我们分析不同的代理人组成对委托人利润的影响。图 5.7 比
较了不同类型的代理人给委托人带来的利润差异。通过对前三个
直方图的比较分析，我们可以发现，在本章设计的激励机制中，

只雇佣贡献最大的代理人的委托人的利润要低于只雇佣贡献次高的代理人的利润。原因是时间增益带来的利润增长速度没有支付给代理人报酬的增长速度快。同时，虽然贡献度高的代理人带来了更强的计算能力，但往往到达一定程度后，任务的时间增益便很难提升了。因此以上结果对一般的委托人来说是可以接受的，即寻求更好的服务往往要付出更高的价格。虽然只雇佣贡献最低的代理人似乎可以获得最大的利润，但他们也要承担任务失败的风险。相比之下，本书提出的策略在确保任务成功的同时为委托人取得了可观的利润。它还优化了代理人的资源分配，避免了计算资源的浪费。

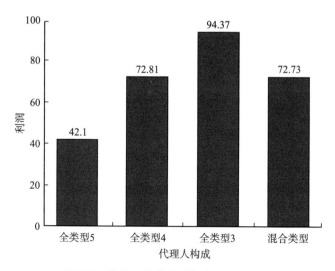

图 5.7 代理人构成对委托人利润的影响

异构性对委托人利润的影响。将节省时间作为目标函数的评价指标，旨在反映不同委托人对同一任务结果有不同满意程度。

图 5.8 中的前 4 个直方验证了这一点。我们根据委托人的计算能力，将他们分为"较差"（bad）、"一般"（general）、"优秀"（excellent）和"极致"（super）四种情况。从图 5.8 中可以看出，在以时间为唯一评价指标时，委托人自身的计算能力越强，协同训练带来的满足感就越少，甚至是负值。但对于一般委托人来说，本章提出的激励机制仍然可行的。当然计算能力强的委托人也可以从能量节省的角度分发任务组织协同训练，这超出了本章的研究范畴。最后一张柱状图显示了当代理人的计算能力均匀分布时，本章委托人（计算能力介于"一般"和"优秀"之间）的利润。

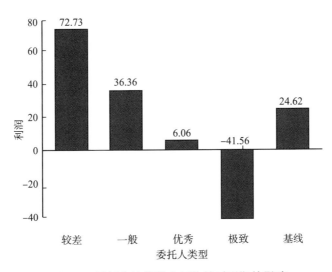

图 5.8　委托人计算能力异构性对利润的影响

除了计算能力外，贴现因子 δ 和单位时间的经济价值 p 等私人特征也对委托人的异质性起着决定性的作用。我们根据贴现因子将委托人分为"短视"（short-sighted）的和具有"远见"（far-sight）的，根据单位时间的经济价值将委托人分为"吝啬"（stingy）的和"慷慨"（generous）的。具体参数设置见表5.4。与计算能力不同的是，这两个参数都是用来衡量委托人的个性。从图5.9中可以看出，δ 和 p 都与委托人的利润呈正相关，但具有"远见"（大的 δ）的影响更为显著。

表5.4　　　　　　　　　　不同委托人类型

类型编号	参数差异
短视且吝啬（short-sighted stingy, SS）	$\delta = 0.5$ 且 p = 10
短视且慷慨（short-sighted generous, SG）	$\delta = 0.5$ 且 p = 20
远见且吝啬（farsight stingy, FS）	$\delta = 1.5$ 且 p = 10
远见且慷慨（farsight generous, FG）	$\delta = 1.5$ 且 p = 20

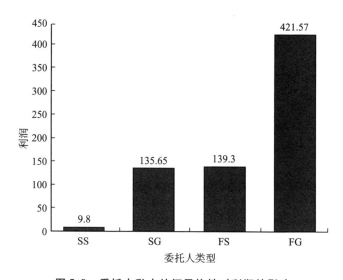

图5.9　委托人私人特征异构性对利润的影响

通过以上仿真实验的分析不难发现，仿真结果不仅与理论推导一致，而且也符合市场规律。这说明我们的激励机制是可行的，对委托人和代理人都有积极的激励作用。

5.5.3 所提机制对训练效果的影响

为了揭示我们提出的 MotiLearn 机制对训练性能的影响，我们以经典的 MNIST 和新提出的 Fashion – MNIST 作为数据集进行了图像分类实验，以验证所提机制对图像分类的准确性和训练时间的影响。MNIST 是一个经典的图像分类数据集，有 60000 个训练样本和 10000 个测试样本。而 Fashion – MNIST 被看作标准 MNIST 的替代品，它们具有相同的样本量、图像量和训练结构。不同的是，后者的样本集是更为丰富的是时尚单品。

在本书中，我们考虑了学习次数（learning times）、批量大小（batch size）和计算能力对图像分类的准确性和训练时间的影响。批量大小是指在一个迭代中使用的训练例子的数量，它决定了如何划分训练数据。在一定范围内，训练性能会随着批量大小的增加而变得更好。在确定学习次数和批量大小时，计算能力主要决定了整个学习过程的时间消耗。图 5.10a 和图 5.10b 分别展示了数据集不同时，当代理人的计算能力固定，其余两个因素对图像分类精度的影响。一般来说，随着学习次数和批量大小的增加，准确率符合我们的预期。

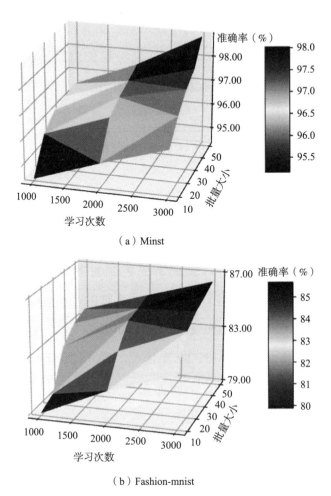

（a）Minst

（b）Fashion-mnist

图 5.10　学习次数和批量大小对图像分类准确率的影响

　　学习次数和批量大小显示了代理人处理训练数据的方式。具体来说，我们选择了如表 5.5 所示的 5 种情况来与 MotiLearn 机制下的训练设置进行比较。在这 5 种情况下，所有代理都进行了相同的训练设置。此外，相关工作提出了针对联邦学习的多维拍卖激励方案（multi-dimensional auction incentive scheme for FL，FMore），我们与该工作比较了图片分类的准确率。图 5.11 表明，不论是哪种数据集，MotiLearn 的训练精确度都是最好的，这个结果与多人协作训练的需求是一致的。因为在多人协同训练的情况下，激励机制会激励代理人倾尽全力进行协同训练，并且委托人最终会采用训练性能最好的训练参数和设置，从而保证训练性能的优越性。但需要注意的是，由于我们没有对学习算法本身进行改进，而是通过激励机制正向鼓励代理人倾尽全力，因此我们所提机制只能在一定范围内对训练效果进行提升，这取决于代理人自身的计算能力和数据集质量。

表 5.5　　　　　　　　　　　　不同训练参数设置

类型	更新策略
A	学习次数为 1000，批量大小为 0
B	学习次数为 2000，批量大小为 30
C	学习次数为 2000，批量大小为 50
D	学习次数为 3000，批量大小为 10
E	学习次数为 3000，批量大小为 50

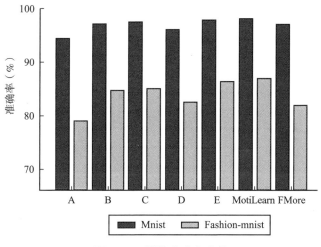

图 5.11　训练准确率比较

我们将训练参数设定为表 5.5 中的 E 型。并将计算能力设定为"低""中"和"高"三个等级，由此组成了图 5.12 中体现的"EL""EM"和"EH"三种类型。相关工作提出了一个基于多轮重构的算法（multi-rounds reconstruction based algorithm，MR）来为联邦学习分配利润，我们与他比较了算法执行时间。图 5.12 显示，与其他情况和算法相比 MotiLearn 机制有效地减少了训练所需的时间。但是，由于不是所有的代理都有最强的计算能力，而且传输参数和结果也需要时间，所以 MotiLearn 下的训练时间不能达到理想状态。

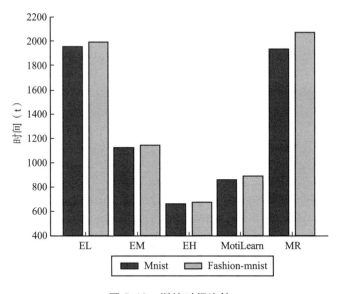

图 5.12 训练时间比较

综上所述，这些结果表明，MotiLearn 机制能够较好地激励代理人参与到多人协同训练并付诸全力，以此取得良好的训练效果。

5.6　总　　结

本章研究了异构边缘智能环境中关于多人协同训练的激励机制设计问题。我们在考虑用户异构性和信息不对称的情况下，讨论了静态和动态场景。基于静态和完全信息场景的理论分析，我们在动态不完全信息场景下设计了一种基于合约理论的激励机制，以鼓励委托人和代理人都参与到边缘协同训练中来，实现自身利益最大化。我们从理论上证明了所提出的机制可以为委托人和代理人带来非负利益。数值结果显示了我们提出的机制的可行性和正向激励作用。此外，我们着重研究了异构性对所提机制的影响。实验结果表明，在由不同类型的委托人和代理人组成的复杂异构环境中，所提出的机制也为协同训练的委托人和代理人带来了非负收益。同时仿真结果表明我们所提机制通过对代理人的正向激励，使得训练效果也有一定幅度的提升。

第 6 章

边缘计算服务预算分配策略
和资源定价机制

6.1 引　　言

在商业环境中，资源供应商（边缘云和 AP）无法（或长时间）提供免费服务。供应商的边缘计算资源分享行为需要经济激励。例如，买方（SMD）需要向供应商支付使用计算资源和网络资源的费用。因此，MEC 想要真正落地，会面临许多商业上的挑战。例如设计资源定价机制和资源分配机制，制定 SMD 任务执行和预算分配策略。

在这些挑战中，定价机制在 MEC 环境中的资源分享方面有着重要的激励作用。目前有一些与边缘云计算的定价机制相关的著作，但是它们中的大多数都忽略了市场的经济学理论，未能捕捉到边缘网络独特的市场特点。由于边缘云计算与设备的位置息息相关，智能移动设备（智能手机，智能车辆，笔记本电脑）某个地区的数量会动态变化。因此，边缘云服务的峰值在不同的时段会存在显著差异（资源需求和资源供应）。和流行的移动应用程序（例如 Uber 和 Lyft）一样，用户通常会在不同的位置和时间段获得不同的服务价格，其背后的原因是服务或资源（车辆，服务器）的价格在不同情况下会随需求量的变化而变化。所以，当资源或服务需求与位置相关并随着时间变化时，通过固定的价格很难去优化分配资源。也因为如此，动态定价机制在边缘计算中非常重要，因为其资源和服务的价格在很大程度上取决于快速变化的市场需求。

在设计 MEC 资源定价机制时，作为卖方的资源供应商需要考虑如何为他们的资源定价，而 SMD 作为买方需要分配有限的预算以最大化其收益。同时，良好设计的定价机制甚至可以激发更多附近的服务商参与到 MEC 系统中来共享资源，提供边缘云计算服务来提高 SMD 的任务执行性能。但是如果缺少良好的定价机制，MEC 系统将无法实现预期效用。在本节中，重点关注 MEC 资源定价机制，其中有两个关键问题需要解决：

（1）面对 MEC 系统中的一些约束（例如任务完成期限，预算限制，计算和网络资源限制）时，SMD 如何将其预算分配给每个资源供应商（AP 和边缘云）？

（2）如何确定每个供应商在 MEC 系统市场中的资源价格，以确保资源供应和资源需求之间的平衡？

在 MEC 环境中，只有很少的工作研究了移动边缘计算中的资源定价机制的问题。与以前的工作不同，本章节提供了一种有效的定价机制，通过优化 MEC 系统中的网络资源价格和计算资源价格，来平衡 MEC 系统资源市场中的资源供给和资源需求，从而更好地根据各个移动智能设备的具体需求和偏好来对边缘网络中的有限资源进行优化分配。此外，通过考虑 MEC 系统中的每个 SMD 的预算限制，市场上的资源交易情况和用户意愿，本章节设计了最佳预算分配算法和均衡价格寻找算法为 SMD 定制预算分配策略，以提高 SMD 的任务执行性能。

本章节的工作贡献可以总结如下：

（1）通过考虑 MEC 系统中 SMD 最大预算和供应商可销售资源的有限性来构建计算资源和网络资源的交易模型。该交易模型允许 SMD 根据它们的偏好自定义预算分配策略，以加快任务执行速度或减少任务执行能耗。

（2）在资源限制和任务执行期限的约束下制定了 MEC 系统的效用最大化问题，并提供针对此优化问题的解决方案，通过调整网络资源定价和计算资源定价来最大化 MEC 系统的系统效用。

（3）使用了微观经济学理论中的组合投资概念，通过解决 SMD 的投资回报最大化问题来获得最优预算分配策略。

（4）基于最大流/最小割定理设计均衡价格发现算法，通过考虑 MEC 系统中的资源供应和资源需求来调整网络资源价格和计算资源价格以实现市场均衡。

（5）与现有的方法相比，所提出的预算优化算法可以在更少的迭代中获得预算分配策略，而均衡价格发现算法可以通过找到均衡价格来最大化系统效用。

本章节的其余部分安排如下。在 6.2 节中介绍了 MEC 系统模型并刻画了系统效用最大化的问题。在 6.3 节中提出了预算分配算法来获取 SMD 的预算分配策略。在 6.4 节中提出了均衡价格发现算法来解决资源定价问题，使得 MEC 资源交易市场可以达到均衡。在 6.5 节中进行了算法性能评估。最后在 6.6 节中，对本章节的工作进行了总结。

6.2 系统模型和问题描述

在本节中，首先介绍边缘云计算环境，然后构建了资源交易市场模型来支持移动任务卸载执行。此外，本节还提出了资源供应商和购买者之间的任务合作执行模型。为方便起见，表 6.1 列出了本书中使用的一些重要数学符号。

表 6.1   常用符号列表

名称	定义
B	SMD 集合
b_i	第 i 个 SMD system
A	AP 集合
a_k	第 k 个 AP
S	边缘云集合
s_j	第 j 个边缘云
S_i	SMD b_i 的可达边缘云集合
cb_j	s_j 的计算资源块总数
p_j^c	s_j 上的计算资源块的单价
rb_k	AP a_k 的资源块总数
p_k^r	a_k 出售的带宽资源的单价
a_k^i	和 SMD b_i 连接的 AP

名称	定义
g_i	SMD b_i 的预算
Θ_i	SMD b_i 的预算分配策略
θ_0	SMD 分配给 RRB 的预算比率
$\theta_{j \neq 0}$	SMD 分配的预算与 s_j 的比
r_i^{rrb}	SMD b_i 购买的带宽资源
r_i^{crb}	SMD b_i 购买的计算资源
B_k^r	APa_j 的潜在网络资源购买者集合
B_j^c	s_j 的潜在计算资源购买者集合
w_i	b_i 上的任务工作量
u_i	SMD b_i 的任务输入数据大小
v_i	SMD b_i 的任务输出数据大小
td_i	SMD b_i 任务完成的最后期限
C_i^l	SMD b_i 的本地执行成本
λ_i^e	任务能耗的偏好
λ_i^t	任务时耗的偏好
C_i^o	SMD b_i 的任务卸载执行成本
$u(\Theta_i)$	SMD b_i 的效用函数
α_i	SMD b_i 的任务执行位置的指示
γ_i	性能和预算价值的比例
U	MEC 系统的总效用
l_i^{iso}	SMD b_i 的等值线
ip_i	SMD b_i 的投资组合
g_i^p	SMD b_i 计划花费的预算
B_o	计划卸载执行任务的 SMD 集合
R	潜在买家集合
$q(R)$	系统中的资源总量
$m(B\_o)$	系统中计划支出的预算总和
PR	热门资源供应商集合

6.2.1　交易模型

本章节考虑如图 6.1 所示的 MEC 环境，其中 AP 通过无线网络与 SMD 连接，并为 SMD 的任务卸载过程提供网络资源。同时，AP 之间可以交换数据并扮演管理器的角色（即交易管理器或价格调节器）。我们假设系统中的每个 SMD 在某个时间内只能连接一个 AP。边缘云则可以通过高速有线网络连接多个 AP，从而提供计算资源来为 SMD 执行卸载任务。

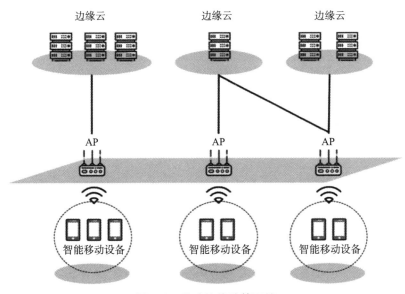

图 6.1　移动边缘计算环境

具体而言，SMD 只能通过连接的 AP 从可到达的边缘云中获取计算资源。SMD 的集合由 B = {b₁, …, bᵢ} 表示，其中 I 是

SMD 的总数。AP 的集合用 A = {a_1, $\cdots$, a_K} 表示，其中 K 是 AP 的总数。边缘云的集合由 S = {s_1, $\cdots$, s_J} 表示，其 J 是边缘云的总数。

在本章节的工作中，我们认为 SMD 上的任务之间是没有依赖的，并且可以并行执行，例如视频编码/解码。每个 SMD 可以在本地执行其任务，也可以将其卸载到边缘云上以减少任务执行成本（执行时间成本或执行能耗成本）。在任务卸载执行的过程中，首先需要来自 AP 的网络资源来传输任务数据，同时也需要边缘云的计算资源来执行卸载任务。因此，网络资源和计算资源对于 SMD 任务卸载执行过程都是必需的。

我们将 $S_i \subseteq S$ 表示为 SMD b_i，$b_i \in B$ 可以通过连接的 AP a_k，$a_k \in A$ 到达的边缘云集合。J_i 表示为集合 S_i 中边缘云的数量，其中 $J_i \leqslant J$。SMD 可以从 S_i 的边缘云中以计算资源块（computing resource block，CRB）的形式购买计算资源，而 cb_j 代表边缘云 s_j 所拥有的 CRB 数量。p_j^c 表示边缘云 s_j 上的单位 CRB 的价格。

AP 将其网络资源作为网络资源块（radio resource block，RRB）出售给 SMD。AP a_k 拥有的 RRB 的数量由 rb_k 表示。AP a_k 上的单位 RRB 的价格表示为 p_k^r，其中 $p_k^r \geqslant 0$。由于一个 SMD 一次只能与一个 AP 连接，因此 SMD b_i 的网络资源提供者是唯一的，并表示为 a_k^i，其中 $a_k^i \in A$。

与有线网络不同，AP 的网络资源有限，本书的无线信道被建模为块衰落信道，当 AP a_k 的覆盖区域中的 SMD b_i 时，信道状态不会改变卸载过程。为了使本章节的工作更加实用，我们采用了

Gilbert – Elliott 信道模型来反映信道状态对传输速率的影响。我们假设 Gilbert – Elliott 信道模型具有两个状态："好"和"坏"。对于不同的信道状态，每个 SMD 的网络资源块（RRB）利用率不同。因此，SMD 的数据传输速率由 RRB 的数量和信道状态条件共同决定。

SMD b_i 的上载 RRB 利用率 l_i^u 具有两个值：lg_i^u，lb_i^u，其中 lg_i^u，$lb_i^u \in (0, 1)$。当 SMD b_i 将其数据发送到边缘云时，lg_i^u 表示"好"信道状态条件下的 RRB 利用率，lb_i^u 表示"坏"信道状态下的 RRB 利用率。另一方面，SMD b_i 的下行 RRB 利用率 l_i^d 具有两个值：lg_i^d，$lb_i d$，其中 lg_i^d，$lb_i^d \in (0, 1)$。当 SMD b_i 从边缘云接收数据时，lg_i^d 表示"好"信道状态下的 RRB 利用率，lb_i^d 是"坏"信道状态下的 RBB 利用率。

对于每个 SMD b_i，我们将其最大预算定义为 g_i，即 SMD 拥有的货币价值。通常，由于资源偏好与 SMD 的任务类型和性能改进意愿密切相关，因此每个 SMD 对于 RRB 和 CRB 上具有不同的需求偏好。例如，当一个 SMD 要提高其任务执行性能时，如果其任务是计算密集型的，则 CRB 对于此 SMD 可能更为重要。另一方面，如果一个 SMD 注重所拥有的货币价值（或者其预算较少），则它对 CRB 或 RRB 的需求都不会太高。因此，MEC 系统中的 SMD 需要根据其资源偏好来分配有限的预算。

我们将 $\Theta_i = \{\theta_0, \cdots, \theta_J\}$ 定义为 SMD b_i 的预算分配策略，其中 θ_0 是 SMD 分配给 RRB 的预算比率。$\theta_{j \neq 0}$ 表示 SMD 对于集合 S_i 中的边缘云 s_j 所分配的 CRB 预算比率。对于 $j \in \{0, \cdots, J_i\}$，

我们有 $\theta_j \in [0,1) \sum_{\theta_j \in \Theta_i} \theta_j \leqslant$。因此，根据比率 θ_0 和其信道状态，可以将 SMD b_i 购买的 RRB 的数量表示为：

$$r_i^{rrb} = \frac{\theta_0 g_i}{p_k^r} \tag{6.1}$$

另一方面，由 b_i 所购买的 CRB 可以表示为：

$$r_i^{crb} = \sum_{s_j \in S_i} \frac{\theta_j g_i}{p_j^c} \tag{6.2}$$

接下来，我们定义潜在的 RRB 买方：

定义 6.2.1（潜在的 RRB 买方） 令 B_k^r 表示 AP $a_{k'}$ 的潜在 RRB 购买者的集合。如果 SMD b_i 是 AP a_k 的潜在 RRB 购买者，即 $b_i \in B_k^r$，则根据一个 SMD 只能连接一个 AP 的约定，我们有 $k = k'$。

在潜在的 RRB 买家集中，SMD 购买的 RRB 总数不能超过 AP a_k 拥有的 RRB 总数：

$$\sum_{b_i \in B_k^r} r_i^{rrb} \leqslant rb_k, \forall a_k \in A \tag{6.3}$$

定义 6.2.2（潜在的 CRB 买家） 令 B_j^c 代表边缘云 s_j 的潜在 CRB 购买者集合。如果 SMD b_i 是边缘云 s_j 的潜在 CRB 购买者，即 $b_i \in B_j^c$，则边缘云 $s_j \in S_i$。

与 RRB 相似，在潜在 CRB 买方集合中 SMD 购买的 CRB 总数不能超过边缘云 s_j 拥有的 CRB 总数，因此我们有：

$$\sum_{b_i \in B_j^c} \frac{\theta_j g_i}{p_j^c} \leqslant cb_j, \forall s_j \in S \tag{6.4}$$

6.2.2 任务执行模型

我们用 w_i 表示 SMD b_i 的任务工作量。使用 u_i 和 v_i 分别表示

SMD b_i 上输入任务数据和输出结果数据的大小。SMD b_i 的任务完成期限由 td_i 表示。当 SMD b_i 在本地执行任务时，任务执行时间成本与其计算资源成反比，任务执行时间成本 tl_i 可计算为：

$$tl_i = \frac{w_i}{cr_i} \tag{6.5}$$

其中，cr_i 是 b_i 上的本地计算资源。本地执行的能耗成本 el_i 由下式给出：

$$el_i = tl_i \times \epsilon_i^c \tag{6.6}$$

其中，$\epsilon_i^c = (af_{i,c}^2 + b)$ 表示 SMD b_i 每单位时间 CPU 的能耗。$f_{i,c}$ 是任务本地计算过程中 SMD b_i 的 CPU 芯片的时钟频率。a 和 b 是由 SMD 的 CPU 体系结构确定的参数。因此，SMD b_i 的本地执行成本可以由下式给出：

$$C_i^l = \lambda_i^e el_i + \lambda_i^t tl_i \tag{6.7}$$

其中，λ_i^e 和 λ_i^t 表示 SMD 偏好（计算性能和能源性能），$\lambda_i^e \in \{0, 1\}$ 并且 $\lambda_i^t = 1 - \lambda_i^e$。换句话说，如果 b_i 倾向于减少任务执行时间成本，则 $\lambda_i^t = 1$，否则，如果 b_i 要节省任务执行能耗，则 $\lambda_i^e = 1$。

当 SMD b_i 选择卸载执行时，它首先需要通过 APa_k^i 将其任务的输入数据卸载到边缘云上。输入数据传输开销取决于 SMD b_i 购买的 RRB 的数量和信道状态。SMD b_i 的输入数据传输时间成本 ts_i 可以由下式给出：

$$ts_i = \frac{u_i}{l_i^u r_i^{rrb}} \tag{6.8}$$

b_i 的输入数据传输能量成本 es_i 计算如下：

$$es_i = ts_i \times \epsilon_i^s \tag{6.9}$$

其中，ϵ_i^s 是在数据发送过程中每单位时间 SMD b_i 的传输能量。

在边缘云任务执行期间，任务卸载执行时间成本 to_i 取决于 SMD b_i 购买的 CRB 数量。根据集合 S_i 中边缘云 J_i 的数量，可以将 SMD b_i 上的任务划分为多个子任务，每个子任务的工作量表示为 $\{w_i^0, \cdots, w_i^{J_i}\}$，其中 $w_i = \sum_{j=0}^{J_i} w_i^j$ 和 w_i^j 是表示 SMD 的 b_i 卸载到集合 S_i 中的边缘云 s_j 上的工作负载。w_i^j 计算如下：

$$w_i^j = \frac{w_i \theta_j g_i}{p_j^c r_i^{crb}} \tag{6.10}$$

此任务分区方法可以确保所有子任务具有相同的卸载执行时间成本。由于可以并行执行子任务，任务卸载执行时间成本 to_i 可以计算为：

$$to_i = \frac{w_i}{r_i^{crb}} \tag{6.11}$$

b_i 的任务在边缘云上执行时，b_i 处于空闲状态，而 b_i 的空闲能源成本为：

$$eo_i = to_i \times \epsilon_i^d \tag{6.12}$$

其中，$\epsilon_i^d = (af_{i,d}^2 + b)$ 表示空闲状态下每单位时间 SMD b_i 的 CPU 的能耗。$f_{i,d}$ 是 SMD b_i 空闲状态时 CPU 芯片的时钟频率。当边缘云完成任务后，b_i 需要接收执行结果，SMD b_i 的任务输出数据的传输时间成本 tr_i 计算如下：

$$tr_i = \frac{v_i}{l_i^d r_i^{rrb}} \tag{6.13}$$

相应地，任务输出数据传输的能量成本 er_i 为：

$$er_i = tr_i \times \epsilon_i^r \tag{6.14}$$

其中，ϵ_i^r 是数据接收过程中每单位时间 SMD b_i 的传输能耗。因此，由公式（6.8）至公式（6.14）可得，SMD b_i 的任务卸载执行成本为：

$$C_i^o = \lambda_i^t(ts_i + to_i + tr_i) + \lambda_i^e(es_i + ew_i + er_i) \tag{6.15}$$

6.2.3　效用模型

SMD 的效用取决于预算分配策略和 MEC 系统中的资源价格。我们认为 SMD 具有个体理性，希望最大化其获得的效用。SMD 的效用来自任务执行性能的提高和任务执行后的剩余预算，SMD b_i 的效用定义为：

$$u(\Theta_i) = \begin{cases} C_i^l - C_i^o + g_i\gamma_i\left(1 - \sum_{j=0}^{J_i}\theta_j\right), & \alpha_i = 1 \\ \gamma_i g_i, & \alpha_i = 0 \end{cases} \tag{6.16}$$

其中，$\alpha_i \in \{0, 1\}$ 是 SMD b_i 的任务执行位置指示符，$\alpha_i = 1$ 表示 SMD b_i 在边缘云上执行其任务；否则，$\alpha_i = 0$，SMD b_i 在本地执行其任务。对于 SMD b_i，$\gamma_i \geq 0$ 是任务执行性能提升和其预算的转换率，代表现金对于 SMD b_i 的重要性。γ_i 的值越高，SMD 对现金的看重程度就越高，同时其改善任务执行性能的意愿越弱。当 SMD 在本地执行任务时，它不需要购买任何 RRB 和 CRB，因此 $\sum_{j=0}^{J_i}\theta_j g_i = 0$。这种情况下，SMD b_i 的效用仅来自其剩余预算。

另外，如果 SMD b_i 选择卸载执行，则需要花费其预算来购买 RRB 和 CRB，并且我们有 $\sum j = 0^{J_i}\theta_j g_i > 0$。SMD b_i 的效用包

括任务执行性能改善 $C_i^l - C_i^o$ 和剩余预算 $g_i\gamma_i(1 - \sum\limits_{j=0}^{J_i}\theta_j)$。从式 (6.16)，我们可以发现 SMD 需要考虑以下问题以最大化其效用：

(1) 在哪里执行其任务（本地或边缘云）？

(2) 如何从 MEC 系统中选择资源供应商？

(3) 如何制定预算分配策略？

为了回答上述问题，SMD 需要根据 MEC 系统中的资源价格及其自身的资源偏好来分配预算。

6.2.4　问题表述

在这一部分中，构建了系统效用最大化问题，该问题可以使边缘网络中的 SMD 在预算受限条件下最大化其花费预算的效用，其目标函数定义如下：

$$\max_{\Theta_i, \rho} U = \sum_{b_i \in B}(\sum_{j=0}^{J_i}\theta_j g_i)\log u(\Theta_i) \qquad (6.17)$$

受制于 $\forall a_j \in A$，$\forall b_i \in B$，$\forall s_j \in S$

$$C1 : \sum_{b_i \in B_k^r} r_i^{rrb} \leqslant rb_k, \forall a_k \in A$$

$$C2 : \sum_{b_i \in B_j^c} \frac{\theta_j g_i}{p_j^c} \leqslant cb_j, \forall s_j \in S$$

$$C3 : \sum_{j=0}^{J_i}\theta_j \leqslant 1, \forall b_i \in B$$

$$C4 : \forall a_k \in A, p_k^r \geqslant 0$$

$$C5 : \forall s_j \in S, p_j^c \geqslant 0$$

$$C6 : \forall b_i \in B, ts_i + to_i + tr_i \leqslant td_i$$

其中，$\rho = \{p_1^r, \cdots, p_K^r, p_1^c, \cdots, p_J^c\}$ 表示 MEC 系统中的资源价格。

约束 C1 表明，买家集合 B_k^r 所需的 RRB 总数必须小于或等于 AP a_k 拥有的可出售的 RRB 数量。约束 C2 确保集合 B_j^c 所需的 CRB 的总数必须小于或等于边缘云 s_j 拥有的可出售的 CRB 数量。约束 C3 指定 SMD 花费的预算不超过其最大预算。约束 C4 和 C5 确保 RRB 和 CRB 的价格在 MEC 系统中不为负值。约束 C6 表明 SMD 需要在任务计算截止日期之前完成任务。

解决优化公式（6.17）的关键挑战是 SMD 的效用函数是不连续，并且 SMD $\alpha_i \in$ 中的任务执行策略会产生公式（6.17）成为混合整数优化问题。为了解决公式（6.17），我们将公式（6.17）分解为两个子问题：

（1）预算分配策略问题：如何在 MEC 系统中基于固定资源价格找到每个 SMD 的预算分配策略。

（2）均衡市场价格问题：如何根据第一个子问题的解决方案获得市场均衡价格以最大化系统效用。

6.3　预算分配策略

本节提出了一种优化算法，以在有限预算下找到 SMD 的预算分配策略，以最大化其效用。MEC 系统中的 SMD 无法获得其他 SMD 的预算分配策略。因此，SMD 需要通过考虑其资源偏好和 MEC 系统中的资源价格来创建自己的预算分配策略。我们首先为 SMD $b_i \in B$

设置 $\alpha_i = 1$，这意味着所有 SMD 将卸载执行其任务。特别是，我们在资源价格固定的情况下创建 SMD 预算分配策略。因此，我们可以将 SMD 预算分配策略问题转化为约束下的最大化问题。

$$\max_{\Theta_i} u(\Theta_i) = C_i^l - C_i^o + g_i\gamma_i\left(1 - \sum_{j=0}^{J_i}\theta_j\right) \qquad (6.18)$$

受制于：

$$C1: r_i^{rrb} \le rb_k, k = \arg_k(a_k^i)$$

$$C2: \frac{\theta_j g_i}{p_f^j} \le cb_j, \forall s_j \in S_i$$

$$C3: \sum_{j=0}^{J_i}\theta_j \le 1$$

$$C4: \forall b_i \in B, ts_i + to_i + tr_i \le td_i$$

每个 SMD 都希望最大限度地减少任务执行成本，以提高其效用。因此，不难发现公式（6.18）等效于 SMD 任务卸载执行成本最小化问题，如下所示：

$$\min_{\Theta_i} f(\Theta_i) = C_i^o + g_i\gamma_i\sum_{j=0}^{J_i}\theta_j \qquad (6.19)$$

受制于：

$$C1: r_i^{rrb} \le rb_k, k = \arg_k(a_k^i)$$

$$C2: \frac{\theta_j g_i}{p_f^j} \le cb_j, \forall s_j \in S_i$$

$$C3: \sum_{j=0}^{J_i}\theta_j \le 1$$

$$C4: \forall b_i \in B, ts_i + to_i + tr_i \le td_i$$

当 S_i 中的 CRB 价格固定后，SMD b_i 会优先购买低价的 CRB，因此，一旦确定 $\sum_{j=1}^{J_i}\theta_j g_i$ 的值，则每个 θ_j，$j \in [1, J_i]$ 是确定的。

我们令 $\theta_J = \sum_{j=1}^{J_i} \theta_j g_i$，其中 $\overline{p}_J^c\$$ 是对应 θ_J 的 CRB 平均价格。

定理 6.3.1 当 MEC 系统中的资源价格固定时，约束 C1～C4 下的优化公式（6.19）是关于优化变量 Θ_i 的一个凸优化问题。

证明：在等式（4.19）中目标函数 $f(\Theta_i)$ 关于变量 θ_0 和 θ_J 的函数，其 Hessian 矩阵 H 如下所示：

$$
H = \begin{cases}
\begin{bmatrix}
\dfrac{2u_i p_k^r l_i^d + 2v_i p_k^r l_i^d}{l_i^d l_i^u g_i \theta_0^3} & 0 \\[3mm]
0 & \dfrac{2\omega_i \overline{p}_J^c}{g_i \theta_J^3}
\end{bmatrix}, & \lambda_i^t = 1 \\[10mm]
\begin{bmatrix}
\dfrac{2u_i p_k^r l_i^d \epsilon_i^s + 2v_i p_k^r l_i^d \epsilon_i^s}{l_i^d l_i^u g_i \theta_0^3} & 0 \\[3mm]
0 & \dfrac{2\omega_i \overline{p}_J^c \epsilon_i^d}{g_i \theta_J^3}
\end{bmatrix}, & \lambda_i^e = 1
\end{cases}
\tag{6.20}
$$

Hessian 矩阵 H 的所有特征值均为正，因此 Hessian 矩阵 H 是正定的。根据科内奇尼和麦克马汉（Konečný J & McMahan H B；2016）的结论，可以得出 f 是凸的。因为等式（6.19）是凸的，并且约束 C1～C3 是线性的，并且约束 C4 是凸的，所以优化公式（6.19）是一个凸最小化问题。

因此，可以通过使用凸优化技术获得预算分配策略 Θ_i^* 来解决公式（6.19）。但是，凸优化方法的迭代搜索空间较大。因此，我们利用微观经济学理论寻找更接近最优解的初始点，从而减小解决问题的策略搜索公式（6.19），提升求解效率。微观经济学是经济学的一个分支，其重点是研究个体决策如何影响市场供求和市场价格。

基于微观经济学理论，本节通过寻找 SMD 的最佳投资组合

来确定最佳预算分配策略。投资组合是针对一个资产集合的投资，例如一组股票、债券。组合投资的目标是通过购买不同的资产，以实现其财务目标并获得回报。在预算分配过程中，SMD 是希望从 CRB 和 RRB 的投资组合中获得最大的回报。我们将 $ip_i = \{r_i^{crb}, r_i^{rrb}\}$ 表示为 SMD b_i 的投资组合。显然，不同的投资组合可能会为 SMD 带来不同的效用回报。通过公式（6.16），对于 SMD b_i 的每个投资组合 ip_i，我们可以获得投资组合的效用函数：

$$u(ip_i) = C_i^l - \lambda_i^t \left(\frac{u_i}{r_i^{rrb}l_i^u} + \frac{v_i}{r_i^{rrb}l_i^d} + \frac{w_i}{r_i^{crb}} \right)$$

$$- \lambda_i^e \left(\frac{\epsilon_i^s u_i}{r_i^{rrb}l_i^u} + \frac{\epsilon_i^d w_i}{r_i^{crb}} + \frac{\epsilon_i^r v_i}{r_i^{rrb}l_i^d} \right) + g_i \gamma_i \left(1 - \sum_{j=0}^{J_i} \theta_j \right)$$

$$(6.21)$$

效用 $u(ip_i)$ 是投资组合 ip_i 和剩余预算下任务卸载产生的节省总和。公式 $\left(\frac{u_i}{r_i^{rrb}l_i^u} + \frac{v_i}{r_i^{rrb}l_i^d} + \frac{w_i}{r_i^{crb}} \right)$ 是根据投资组合 ip_i 的卸载执行时间成本。

公式 $\left(\frac{\epsilon_i^s u_i}{r_i^{rrb}l_i^u} + \frac{\epsilon_i^d w_i}{r_i^{crb}} + \frac{\epsilon_i^r v_i}{r_i^{rrb}l_i^d} \right)$ 是投资组合 ip_i 下的任务卸载执行能源成本。$g_i \gamma_i (1 - \sum_{j=0}^{J_i} \theta_j)$ 是预算盈余。如前所述，只有在采用的产品组合具有正效用的情况下，SMD 才会购买资源，卸载执行其任务。

图 6.2 显示了具有正效用的投资组合的示例。从图 6.2 中我们可以发现，只有部分投资组合可以获得正效用。此外，并不是所有具有正效用的投资组合都能被 SMD 采纳，SMD 预算是有限的。根据微观经济学理论，我们将 RRB 和 CRB 视为生产资料，

是生产经济价值的非人为投入，然后我们可以在其最大预算下获得 SMD 的等成本线，如图 6.3 中所示。等成本线是微观经济学中的一个概念，它是投资者可以承担的不同投资组合的图形表示，可以辅助投资者选择资产组合。

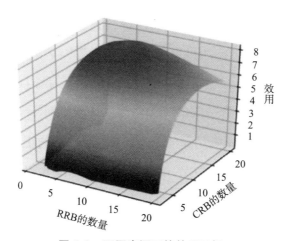

图 6.2 不同资源下的效用回报

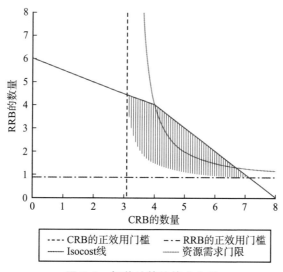

图 6.3 卸载计算的等成本线

在本书中，等成本线 l_i^{iso} 上的投资组合具有以下特征：

$$\sum_{s_j \in S_i} \theta_j g_i + \theta_0 g_i = g_i \qquad (6.22)$$

因此，SMD b_i 只能负担等成本线 l_i^{iso} 下的投资组合，而这些负担得起的投资组合可以满足公式（6.19）的约束 C1、C2 和 C3。但是，并非所有这些投资组合都可以为 SMD 带来正效用。图 6.12 中表示，可行的投资组合位于等成本线下方的投影区域，如黑色区域所示。根据可行投资组合的范围，我们可以发现效用为正的投资组合具有一定的资源门槛的要求。对于 SMD b_i，我们令 σ_i^r 表示 RRB 的正效用阈值，而 σ_i^c 表示 CRB 的正效用阈值。无论 γ_i 的值是多少，仅在 $C_i^l > C_i^o$ 的情况下，SMD b_i 才能从任务卸载执行中获得正效用。因此，通过公式（6.7）和公式（6.15）可得：

$$\sigma_i^r = \begin{cases} \dfrac{l_i^u l_i^d (u_i l_i^d + v_i l_i^u)}{\dfrac{w_i}{cr_i} - \dfrac{w_i}{\sum_{s_j \in S_i} Cb_j}}, & \lambda_i^t = 1 \\[4ex] \dfrac{l_i^u l_i^d (u_i l_i^d \rho_i^s + v_i l_i^u \rho_i^r)}{\dfrac{w_i \rho_i^c}{cr_i} - \dfrac{w_i \rho_i^d}{\sum_{s_j \in S_i} Cb_j}}, & \lambda_i^e = 1 \end{cases} \qquad (6.23)$$

$$\sigma_i^c = \begin{cases} \dfrac{w_i}{\dfrac{w_i}{cr_i} - \dfrac{u_i l_i^d + v_i l_i^u}{Rb_k l_i^u l_i^d}}, & \lambda_i^t = 1 \\[4ex] \dfrac{w_i \rho_i^d}{\dfrac{w_i \rho_i^c}{cr_i} - \dfrac{u_i l_i^d \rho_i^s + v_i l_i^u \rho_i^r}{Rb_k l_i^u l_i^d}}, & \lambda_i^e = 1 \end{cases} \qquad (6.24)$$

正效用阈值是 SMD 通过卸载执行任务获得正效用的最低资

源要求。如果一个投资组合 ip_i 可以为 SMD b_i 带来正面效用，那么它必须满足：

$$r_i^{rrb} \geq \sigma_i^r;\ r_i^{crb} \geq \sigma_i^c \qquad (6.25)$$

但是，图 6.3 的阴影区域中的投资组合可能不满足公式 (6.19) 中的约束 C4。通过考虑 SMD 的任务完成截止时间的要求，我们可以画出资源需求阈值，如图 6.3 中的曲线所示。换句话说，资源需求阈值是 SMD 在截止时间之前完成其任务的最低资源要求。资源需求阈值的投资组合满足：

$$\frac{u_i l_i^d + v_i l_i^u}{r_i^{rrb} l_i^u l_i^d} + \frac{w_i}{r_i^{crb}} = td_i \qquad (6.26)$$

资源需求范围以上的投资组合可以满足公式 (6.19) 的约束 C4。因此，图 6.3 中资源需求阈值线以上的黑色区域可以满足公式 (6.19) 的约束 C4。如果一个投资组合 ip_i 满足公式 (6.19) 的约束 C4，我们可以从公式 (6.26) 获得 r_i^{rrb} 与 r_i^{crb} 之间的关系如下：

$$r_i^{rrb} \geq \frac{l_i^u l_i^d (u_i l_i^d + v_i l_i^u) r_i^{crb}}{td_i r_i^{crb} - w_i} \qquad (6.27)$$

$$r_i^{crb} \geq \frac{w_i r_i^{rrb} l_i^u l_i^d}{u_i l_i^d + v_i l_i^u - td_i r_i^{rrb} l_i^u l_i^d} \qquad (6.28)$$

因此，通过公式 (6.27) 和公式 (6.28)，我们可以得到 RRB 的资源需求阈值 ς_i^r 和 CRB 的资源需求阈值 ς_i^c 分别如下：

$$\varsigma_i^r = \frac{w_i \sum_{s_j \in S_i} Cb_j}{td_i \times \sum_{s_j \in S_i} Cb_j - w_i} \qquad (6.29)$$

$$\varsigma_i^c = \frac{w_i Rb_k l_i^u l_i^d}{u_i l_i^d + v_i l_i^u - td_i Rb_k l_i^u l_i^d} \qquad (6.30)$$

根据正效用阈值和资源需求边界，我们可以得出 SMD b_i 的投资组合阈值点 p_i 为：

$$p_i = \{\min\{\sigma_i^c, \varsigma_i^c\}, \min\{\sigma_i^r, \varsigma_i^r\}\} \qquad (6.31)$$

接下来，我们提出了一种最佳预算分配（optimal budget allocation，OBA）算法，以找到最优策略 Θ_i^*，算法如 6.1 中所示。在 OBA 算法中，我们将投资阈值点 p_i 作为初始搜索点，基于等成本线和投资阈值的梯度方法，在公式（6.21）中找到投资组合并获取预算分配策略 Θ_i^*。

在 OBA 算法中，SMD b_i 查找 Θ_i^* 有如下三种情况：

第一种情况是 p_i 在等成本线之上，SMD b_i 只能在本地执行其任务，因为没有任务卸载执行的解决方案可以满足公式（6.20）中的约束。

第二种情况是 p_i 在等成本线上，如果投资组合 p_i 具有正效用，则它就是最优投资组合，否则，SMD 只能在本地执行其任务。

最后一种情况是 p_i 在等成本线下，在这里我们可以使用梯度法找到最优投资组合 Θ_i^*。如果最优投资组合具有正效用，SMD 将卸载执行其任务。否则，SMD b_i 将在本地执行其任务。

算法 6.1：OBA 算法

Input：边缘云集合 S_i，SMD b_i，AP a_k

Output：预算分配策略 Θ_i^*

1　　获取等成本线；

2　　取得 p_i；

3　　设置 $\Theta_i^* = \{0, 0, \cdots, 0\}$；

4　　if p_i 在等成本线以上 then

5　　│　返回 Θ_i^*

```
 6   end
 7   if pᵢ 位于等成本线
 8   |   if ip 的回报大于 | γ_i | | g_i |
 9   |   |   基于 pᵢ 生成 Θᵢ*
10   |   end
11   |   返回 Θᵢ*
12   end
13   if pᵢ 在等成本线以下
14   |   将搜索初始点 ipᵢ 设置为 pᵢ;
15   |   设置现有的迭代次数为 tn = 0;
16   |   while | tn ≤ Iter_max^oba 并且 t > 0 do
17   |   |   计算 ip 的效用为 u;
18   |   |   ipᵢ = ipᵢ + t * Δip/ * t 为步长 */;
19   |   |   if ipᵢ 在等成本线以下并且满足 (6.25), (6.27), (6.28) then
20   |   |   |   计算 ipᵢ 的效用为 u';
21   |   |   |   if u' − u ≤ Δx then
22   |   |   |   |   中断
23   |   |   |   end
24   |   |   end
25   |   |   if ipᵢ 在等成本线以下或者不满足 (6.25), (6.27), (6.28) then
26   |   |   |   ipᵢ = ipᵢ − t * Δip/ * 返回上一个投资组合 */;
27   |   |   |   t = t − \Deltat/ * 缩短步长 */
28   |   |   end
29   |   |   tn = tn + 1
30   |   end
31   |   if ip 的效用 > γᵢgᵢ
32   |   |   基于 pᵢ 生成 Θᵢ*
33   |   end
34   |   返回 Θᵢ*
35   end
```

当 $\Theta_i^* = \{0, 0, \cdots, 0\}$ 时，SMD b_i 在本地执行其任务，即 $\alpha_i = 0$。否则，b_i 在边缘云上执行任务，即 $\alpha_i = 1$。在最坏的情况

下，OBA 算法的时间复杂度为 $O(\text{Iter}_{max}^{oba} + 2 \times (J+1))$，其中 Iter_{max}^{oba} 是 OBA 算法中的最大迭代数，$O(2(J+1))$ 是生成等成本线和预算分配策略的时间复杂度。

6.4　资源价格和系统效用的优化

本节将提出一种优化算法，通过优化边缘云和 AP 的资源价格，最大化 MEC 系统的总效用。

当资源价格固定时，可以使用 OBA 算法来找到每个 SMD 的投资组合。但是，OBA 算法没有考虑 SMD 之间的交互，这将导致 SMD 请求的资源总量（CRB 或 RRB）可能超过 MEC 系统中的可售资源总量。一般而言，商品价格取决于市场需求。因此，我们应该根据 MEC 系统中的资源需求来确定供应商的资源价格。在固定资源价格 ρ 下，我们可以得到 MEC 系统中每个 SMD 的预算分配策略 Θ_i^*。对于每个 SMD $b_i \in B$，根据策略 Θ_i^*，我们将 b_i 的计划预算花费定义为 g_i^p

$$g_i^p = \sum_{j=0}^{J_i} \theta_j g_i, \theta_j \in \Theta_i^* \qquad (6.32)$$

从公式（6.17）中我们可以发现，MEC 系统效用可能主要来自在边缘云上执行任务的 SMD。所以，我们将潜在买家设置为 B_o，如下所示

定义 6.4.1（潜在买家）　潜在购买者集合 B_o 定义为希望卸载执行任务的 SMD 集合。仅当 $g_i^p > 0$ 时，SMD b_i 才属于潜在的

购买者集合 B_o。

对于给定的潜在买家集合 B_o，公式（6.17）可以重写为：

$$\max_{\Theta,\rho} U = \sum_{b_i \in B_o} (g_i^p) \log u(\Theta_i^*) \qquad (6.33)$$

受制于 $\forall a_j \in A$，$\forall b_i \in B$，$\forall s_j \in S$

$$C1 : \sum_{b_i \in B_k^r} r_i^{rrb} \leqslant rb_k, \forall a_k \in A$$

$$C2 : \sum_{b_i \in B_j^c} \frac{\theta_j g_i}{p_j^c} \leqslant cb_j, \forall s_j \in S$$

$$C3 : \forall a_k \in A, p_k^r \geqslant 0$$

$$C4 : \forall s_j \in S, p_j^c \geqslant 0$$

在下面，我们将验证公式（6.33）是凸优化问题。

定理 6.4.1　约束 C1~C4 的优化公式（6.33）是凸优化问题。

证明：我们可以发现，当 $\alpha_i = 1$ 时，$u(\Theta_i^*)$ 是凹函数。由于 log 是严格的凹函数，所以 U 是凹的。由于等式（6.33）中的约束 C1 和 C2 是凸的，而约束 C3 和 C4 是线性的，因此等式（6.33）中的优化问题是凸的优化问题。

如前所述，SMD b_i 只对自己的收益感兴趣，因此价格调整将影响 SMD 将任务卸载执行的意愿。另一方面，资源价格调整也可能影响 SMD 在 CRB 和 RRB 上的偏好。

为了解决问题（6.33），我们用网络 $N = (A，S，B，E)$ 表示 MEC 系统中的资源交易市场，如图 6.4 所示，其中 A 表示 AP 的集合，S 是边缘云的集合，B 表示 SMD 的集合，E 是边的集合。集 A，S，B 构成网络 N 中的节点集。每个 SMD 只对可达资源感兴趣，具体来说，如果 SMD b_i 对 AP a_k 的 RRB 感兴趣，则网络 N 中有一个边（k，i）。类似地，如果 SMD b_i 对边缘云 s_j 的 CRB 感兴趣，则网络 N 中将存在有向边（j，i）。

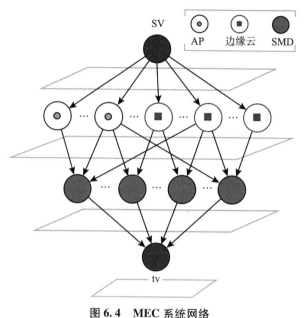

图 6.4　MEC 系统网络

从供应商到 SMD 的 N 的有向边具有无限大的容量，从源节点 sv 到 AP a_k 节点的有向边具有 $p_k^r \times rb_k$ 的容量，从源 sv 到边缘云 s_j 的容量为 $p_j^c \times cb_j$，从 SMD b_i 到 tv 的边的容量为 g_i^p。我们让 $R = A \cup S$ 表示供应商的集合，并且 R 中的资源总量可以由下式给出：

$$q(R) = \sum_{s_j \in R} p_j^c \times cb_j + \sum_{a_k \in R} p_k^r \times rb_k \qquad (6.34)$$

另一方面，根据 S 潜在客户集合 B_o 中的资源需求，我们让 $m(B_o)$ 表示 SMD 计划在系统中花费的预算总和，如下：

$$m(B_o) = \sum_{b_i \in B_o} g_i^p \tag{6.35}$$

经济学中的市场均衡意味着供需平衡，买方寻求的商品或服务的数量等于卖方生产的商品或服务的数量。基于 q(R) 和 m(B_o)，我们可以给出 MEC 系统中资源市场均衡的定义如下。

定义 6.4.2（市场均衡）　当且仅当 q(R) = m(B_o) 时，MEC 系统中资源市场才是均衡的。

根据 Karush – Kuhn – Tucker（KKT）条件，通过资源市场均衡可以得到公式（6.33）的解决方案。我们把市场均衡的资源价格是称为均衡价格，并将 N(ρ) 定义为固定价格 ρ 下的 MEC 网络。根据 N(ρ) 的流量，我们可以得到 MEC 系统中资源供求的情况。

定理 6.4.2　当价格 ρ 是均衡价格时，（sv，A∪S∪B∪tv）和（sv∪A∪S∪B，tv）是网络 N(ρ) 的最小割。

证明： 如果（sv，A∪S∪B∪tv）是最小切割，而（sv∪A∪S∪B，tv）不是最小切割，则资源需求 SMD 的数量大于 MEC 系统中的资源供应。另一方面，如果（sv∪A∪S∪B，tv）是最小切割，而（sv，A∪S∪B∪tv）不是最小割，则资源供应大于 MEC 系统中 SMD 的资源需求。因此，资源市场达到均衡时，（sv，A∪S∪B∪tv）和（sv∪A∪S∪B，tv）为网络 N(ρ) 的最小切割。

当供应商的资源价格较低时，可能处于供应短缺状态。因此，我们将根据 MEC 系统中供应短缺的程度来调整供应商的资源价格。我们让 ds_j^c 表示边缘云 s_j 的资源短缺程度，计算如下：

$$ds_j^c = \sum_{b_i \in B_j^c} \frac{\theta_j^* g_i}{p_j^c} - cb_j \tag{6.36}$$

同样，AP a_k 的资源短缺程度由下式给出：

$$ds_k^r = \sum_{b_i \in B_k'} r_i^{rrb} - rb_k \qquad (6.37)$$

为了获取 MEC 系统中的市场均衡，我们可以提高资源严重短缺的供应商价格来降低其资源需求。我们用 PR 表示受欢迎的资源供应商。如果 AP $a_k \in$ PR，则其 ds_k^r 的大小在集合 A 中的排名前 lt_r。如果边缘云 $s_j \in$ PR，则其 ds_j^c 的大小在集合 S 的排名前 lt_c。这里 $lt_r = \lceil \eta_r K \rceil$ 和 $lt_c = \lceil \eta_c J \rceil$ 是正整数，η_r，$\eta_c \in$ （0，1）。

基于 OBA 算法，我们改进了均衡价格查找算法来（equilibrium prices finding，EPF）搜寻 MEC 系统中的均衡价格 ρ^*，如算法 6.2 所示。EPF 算法在开始会先设立足够低廉的资源价格，让每个 SMD 都可以负担得起 MEC 系统中的所有资源。其算法的核心思想是提高集合 PR 中的供应商价格，并在 EPF 算法的每个阶段获取新价格 ρ'，以此降低 PR 中的资源供应商的资源短缺程度。

在 EPF 算法中，我们首先使用 OBA 算法确定每个 SMD 的资源需求和一组受欢迎的资源供应商。如果资源需求与 MEC 系统中的资源供应足够接近，则 EPF 算法终止。否则，提高 PR 集合中的资源供应商的价格，直到以下两个事件之一发生：

事件 1：如果 SMD b_i 想要在本地执行任务，则我们将 b_i 从网络 N 中删除并开始下一次迭代。

事件 2：如果系统资源需求 $m(B_o)$ 足够接近网络 $N(\rho)$ 中的系统资源供应 $q(R)$，则 EPF 算法终止，当前 ρ 是均衡价格，每个 SMD b_i 的策略是最终策略 Θ_i^*。

由于 SMD 的资源需求（预算）是有限的，因此 EPF 算法可以在有限的迭代中实现市场均衡。在最坏的情况下，此算法的时间复杂度为 $O(\mathrm{Iter}_{max}^{epf} \times \mathrm{Iter}_{max}^{oba})$，其中 $\mathrm{Iter}_{max}^{epf}$ 表示 EPF 算法中的最大迭代次数。

算法 6.2：EPF 算法

Input：集合 B，集合 S，集合 A

Output：均衡价格 ρ^* 和每个 $b_i \in B$ 的预算分配策略 Θ_i^*

1	初始化价格 ρ;
2	设置 equilibrium = False，现在的迭代次数 tn = 0;
3	while not equilibrium and tn $\leqslant$ $\mathrm{Iter}_{max}^{epf}$ do
4	初始化网络 N;
5	for all $b_i \in B_o$ do
6	基于算法 OBA 计算 Θ_i^*;
7	if b_i 决定本地执行任务 then
8	从网络 N 和集合 B_o 中去掉 b_i;
9	中断
10	end
11	更新网络 N
12	end
13	for all s_j，$a_k \in R$ do
14	更新 ds_j^c，ds_k^r
15	end
16	计算 $m(B_o)$，$q(R)$;
17	if $q(R) - m(B_o) \leqslant \Delta e$ then
18	设置 equilibrium = True
19	end
20	找到集合 PR;
21	提高 PR 中的资源供应商价格;
22	tn = tn + 1
23	end
24	返回 ρ^*，Θ_i^*

6.5 仿真性能分析

本节将评估所提出算法的性能表现,并与其他现有算法进行比较。

6.5.1 实验设置

在实验中,使用 ZTE MF90C1 和 Netgear R4300,TP - Link WDR6300 作为 AP 样本。实验的 SMD 样本集包括 Coolpad Y71、小米 3、三星 Galaxy Note3。实验的边缘云样本集包括 3 台服务器,分别配备了 Intel i3 - 8100、Intel i5 - 8400 和 Intel i7 - 8700 处理器。实验在每个 SMD 样本和每个边缘云样本上运行测试应用程序以获取 CPU 基准,实验参数如表 4.2 所示。在数据传输方面,实验为"好"和"坏"的信道状态设置了相同的概率。为了模拟边缘云系统的真实市场规模和市场随机性,在实验中同时使用了真实设备和虚拟设备,虚拟设备是根据真实设备的样本数据所创建的。

表 4.2   MEC 系统参数

(a) SMD 样本参数

SMD 参数	Coolpad Y71	Xiaomi 3	Samsung Note 3
cr_i	1. 5	1	1
ϵ_i^c	1	0. 75	0. 5

续表

SMD 参数	Coolpad Y71	Xiaomi 3	Samsung Note 3
ϵ_i^s	0.2	0.1	0.2
ϵ_i^r	0.1	0.1	0.05
ϵ_i^d	0.02	0.002	0.001
g_i^d, γ_i	$g_i \in [10, 20]$, $\gamma_i \in [0, 0.3]$		

（b）边缘云样本参数

边缘云参数	Server 1	Server 2	Server 3
cb_j	4	10	20

（c）AP 样本参数

AP Parameters	ZTE MF90C1	Netgear R4300	TP – Link WDR6300
rb_k	10	15	20
lg_i^u	[0.6, 0.7]	[0.7, 0.8]	[0.8, 0.95]
lb_i^u	[0.3, 0.4]	[0.4, 0.6]	[0.4, 0.6]
lg_i^d	[0.6, 0.7]	[0.7, 0.8]	[0.8, 0.95]
lb_i^d	[0.3, 0.4]	[0.4, 0.6]	[0.4, 0.6]

（d）测试任务参数

参数	测试应用任务
w_i	$\{10, 20, 30, 40, 50, 60, 70, 80, 90, 100\}$
u_i	$\{3, 4, 5, 6, 7, 8, 9, 10, 11, 12\}$
v_i	$\{1, 2, 3, 4, 5, 6, 7, 8, 9, 10\}$
td_i	$td_i \in [w_i/r_i, w_i/r_i + 10]$

6.5.2　OBA 算法的性能

本小节将 OBA 算法性能与一些现有算法进行了比较，例如基于正效用阈值的搜索解决方案，拉格朗日梯度（Lagrange – Gradient，LG）算法，拉格朗日牛顿（Lagrange – Newton，LN）算法和由哈利·马科维茨设计的 Markowtiz 临界线算法（Markowtiz Critical Line Algorithm，MCL）。

比较结果如图 6.5 所示。在此评估中，我们为 SMD 创建 10 个边缘云和 1 个 AP。我们可以从图 6.5 中观察到，启发式算法的性能最差，需要大量迭代才能找到 SMD 的预算分配策略。LG 算法可以在 80 次迭代内收敛，而 LN 算法可以在 60 次迭代内收敛。Markowtiz 临界线算法可以在 50 次迭代内收敛。

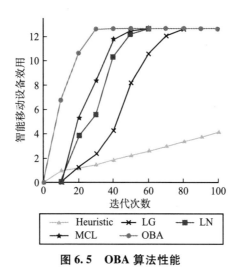

图 6.5　OBA 算法性能

特别是，OBA 算法可以在 30 次迭代中获得预算分配策略，并且，OBA 算法所获得的效用与 LN 算法，LG 算法和 Markowtiz 临界线算法一致。这是因为 OBA 算法通过等成本线和投资阈值显著减少了策略搜索空间。

6.5.3 不同 SMD 数量下的资源价格

实验设置了 20 个边缘云和 3 个 AP 来比较不同数量的 SMD 下 RRB 和 CRB 的平均价格，比较结果如图 6.6 所示。我们可以看到，随着 SMD 数量的增加，RRB 和 CRB 的价格也随之增加。这是因为，与普通商品市场类似，需求增加带来商品价格上涨。SMD 的数量增长扩大了 MEC 系统中资源需求。此外，从图 6.6 中我们可以发现，RRB 的平均价格始终高于 CRB 的平均价格。第一个原因是我们的实验中 AP 的数量少于边缘云的数量，这使得 RRB 资源比 MEC 系统中的 CRB 资源更加稀缺和昂贵。第二个原因是信道状态的差异，使得 SMD 无法充分利用 RRB 资源。

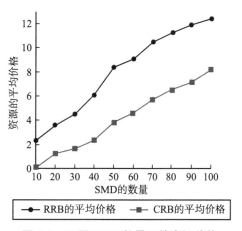

图 6.6 不同 SMD 数量下的资源价格

6.5.4　预算转换率下的投资组合

在本小节中，可以观察到在 SMD 的不同预算转换率下的正效用区域。图6.7中的黑色区域是正效用区域。我们可以发现，随着预算转换率 γ_i 变大，SMD b_i 的正效用范围缩小。当 $\gamma_i = 0$ 时，对于 SMD b_i 而言，唯一重要的事情就是任务执行性能的提升，而不关心任务卸载执行过程的预算开销。因此，其正效用范围比其他情况都要大，意味着这种情况下，有很多投资组合可以带来正效用。另一方面，当 $\gamma_i = 0.45$ 时，预算的价值对于 SMD b_i 而言也很重要。在这种情况下，SMD 的正效用面积很小，意味着只有少数投资组合可以为其带来正回报。不难发现，预算转换率高的 SMD 更有可能选择在本地执行任务。

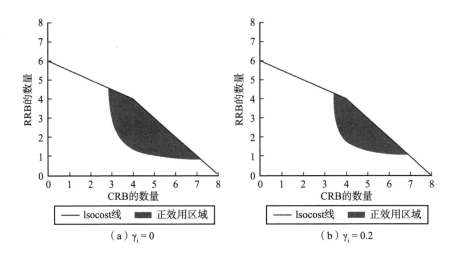

（a）$\gamma_i = 0$　　　　　　　（b）$\gamma_i = 0.2$

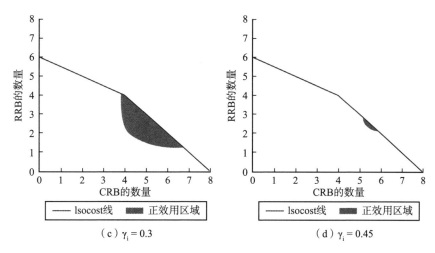

（c）$\gamma_i = 0.3$　　　　　　　　（d）$\gamma_i = 0.45$

图 6.7　不同预算转换率下的正效用区域

6.5.5　MEC 系统收益

实验部署了 3 个 AP 和 20 个的边缘云，以比较不同数量的 SMD 下，MEC 系统的收益，比较结果如图 6.8（a）所示。EPF 算法通过分配供应商的资源可以最大化系统收益。我们可以观察到，最大系统收益随 SMD 数量的增加而增加。但是，当 SMD 的数量超过 80 时，系统效用的增长非常缓慢。其原因是 MEC 系统中的资源供应是有限的，MEC 系统效上限受到了资源供应的限制。

另外，实验部署了 10 个 SMD 和 3 个 AP 来比较不同数量的边缘云下的 MEC 系统的效用，比较结果如图 6.8（b）所示。当边缘云的数量超过 70 时，系统效用的增长变慢，其原因是

MEC 的系统效用也受到资源需求的限制。因此，我们可以看出，系统收益是由 MEC 系统中的资源需求和资源供应所共同确定的。

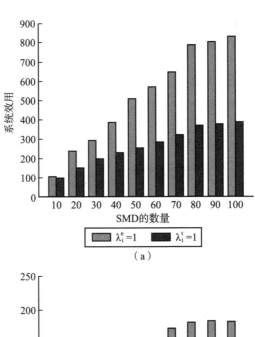

图 6.8　MEC 的系统收益

6.5.6　MEC 系统的交易成功率

本小节比较了在不同的资源供应情况下，MEC 系统中的交易成功率。交易成功率定义为将任务卸载到边缘云上以执行的 SMD 的在所有 SMD 中的比例。图 6.9 显示了 MEC 系统中不同资源供应情况下的交易成功率。我们可以发现，RRB 和 CRB 的供应会影响 SMD 卸载任务执行的决策。如果在 MEC 系统中 RRB 或 CRB 的供给等于 0，则交易成功率将为 0。当 RRB 或 CRB 在 MEC 系统中的供应量较低时，交易成功率也会降低。当系统中有数量 60 的 RRB 和数量为 80CRB 时，交易成功率将达到高点。值得注意的是，SMD 的偏好和资源购买行为会受到市场上 RRB 数量和 CRB 数量的影响。比如对于 CRB，RRB 的数量增加将使更多的 SMD 从任务卸载执行过程中受益，因此会有更多的 SMD 购买资源进行任务卸载来提升任务执行性能，从而提升交易成功率。

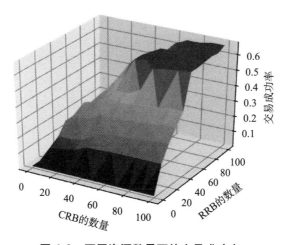

图 6.9　不同资源数量下的交易成功率

6.6　本　章　小　结

　　本章节设计了一种定价机制，来激励边缘网络中的资源供应商提供智能移动设备任务卸载执行过程中所需的资源。同时，本章研究了在供应商资源有限性和买方预算有限性的约束下，边缘计算系统中的智能设备预算分配问题和资源分配问题。移动智能设备的任务执行策略及其效用函数使该问题变为了一个混合整数规划问题，本章通过设计一种基于微观经济学理论的最优预算分配算法，从而找到最优预算分配策略。同时，本章还提出了一种基于最大流最小割的均衡价格寻找算法，通过资源价格调整来优化资源分配。最后，仿真结果表明，所提出预算分配策略算法比其他现有算法更加高效，同时可以有效地调控边缘网络中的资源供需，从而优化边缘计算系统的总效用。

第 7 章

总结与展望

7.1 工 作 总 结

　　边缘计算模式的提出使得智能移动设备可以通过无线网络将复杂任务卸载到邻近的边缘节点上寻求帮助。计算卸载技术既可以提升运算性能又可以节省本地设备能耗。随着边缘思想的深入，逐渐衍生出了边缘内容分发和缓存技术。该技术通过在网络边缘缓存流行内容，减少获取内容时的等待延迟以提升用户体验。边缘计算模式对人工智能系统的影响体现在，人工智能系统和应用从云中心下沉至网络边缘。通过边缘节点的协同训练和推理获得良好训练效果的同时降低了系统延迟，保护了数据安全。但是，和传统资源丰富的云中心相比，边缘网络面临的最大问题就是资源有限性。同时边缘网络又具有动态性和异构性的显著特征。本质上不论什么服务都是一种资源共享的趋势，而其中不可忽略的是边缘用户参与服务的动机，即如何激励用户积极参与边缘服务。资源有限性决定边缘用户无法无偿服务，动态性和异构性导致用户期望和需求各不相同。激励机制设计可谓是边缘网络服务的基石，高效可行的激励机制可以促进用户参与服务从而形成资源共享的良性循环，因此研究边缘网络多元化服务中的激励机制，打造边缘网络良性共享环境是必要且关键的。

本书对相关领域内的研究工作进行了总结分析，对边缘网络中内容服务、计算服务和训练服务的激励机制设计问题展开了研究。本书的主要研究内容和贡献有以下四个方面：

第一，为了在时变异构边缘内容市场中激励内容提供商分享内容并帮助内容提供商获得相应利益，本书在考虑边缘用户异构性、边缘内容时敏性和边缘市场不确定的因素下，研究了针对边缘内容提供商的激励机制设计问题。本书利用微观信息经济理论充分刻画了边缘内容市场中用户、内容、市场的边缘特性。研究以市场多样性特征为标准分为两个部分，在垄断环境下通过构建双阶段斯塔克尔伯格博弈模型设计了使内容供应商利益最大化的内容更新策略及内容定价方案，在开放环境下设计了基于强化学习的激励机制算法 RLIMO 为内容供应商提供最优定价策略。实验结果表明，在两种市场环境下所提机制都有效地帮助内容供应商获得了最大利益。

第二，本书研究并设计了边缘网络计算服务中的激励机制设计问题，通过优化定价策略的方式激励计算资源提供者提供服务，同时解决用户与边缘节点之间的匹配问题。通过引入微观经济学理论中的市场定价模型和供需关系模型将非竞争环境中的激励问题刻画成利润最大化问题并求解。在竞争环境中通过设置

"性标比""性价比"等指标、采用二价拍卖模式设计了一种利润最大化多轮拍卖机制 PMMRA。本书不仅从理论层面证明了所设计机制能够实现个人理性、高计算效率和激励相容等性质，实验结果表明所设计机制可以确保计算资源提供者的利润最大化，同时维护了用户的利益及市场公平性等因素。

第三，针对边缘智能协同训练的激励机制设计问题，本书主要考虑了异构性、信息不对称性和动态性三个重要因素。通过引入训练贡献度刻画代理人异构性，通过时间边际收益刻画委托人异构性，同时分析了静态环境和完全信息场景下的激励机制设计问题。在最接近真实情况的动态不完全场景中，基于个人理性和激励相容的约束条件，本书提出了一个易扩展、易部署的合约激励机制 MotiLearn。该机制可以有效激励用户参与协同训练的同时付诸全力。理论层面上，本书提供了合约可行的充要条件，实验结果表明所设计机制为参与双方提供了正收益，并且实现了一定程度上的训练效果提升。

第四，通过对边缘计算系统中资源交易行为的讨论，研究了供应商资源有限性和买方预算有限性的约束下，边缘计算系统中的智能设备预算分配问题和资源定价问题。通过设计一种基于微观经济学理论的最优预算分配算法，从而找到最优预算分配策略，提出了一种基于最大流最小割的均衡价格寻找算法，通过资源价格调整来优化资源分配，仿真结果表明，所提出预算分配策略算法比其他现有算法更加高效，同时可以有效地调控边缘网络中的资源供需，从而优化边缘计算系统的总效用。

7.2 研究展望

在本书研究的针对内容服务、计算服务、训练服务激励机制设计的基础上，边缘网络中的激励机制设计还有诸多后续工作和问题值得进一步的探索和讨论，主要分为以下四个方面：

第一，结合前沿经济学理论和模式，继续对边缘网络中激励机制设计问题展开研究。如结合行为经济学中的"禀赋效应""跨期选择""心理账户"等理论，在边缘网络中更准确地刻画个体行为、衡量个体偏好、建模个体效用，提出更为普适和更具现实意义的激励机制。

第二，探索非货币激励模式。本书的三个研究内容都是基于经济层面的激励效应，无关货币的激励模式不光在激励理论中占有一席之地，也在现实生活中大有体现。未来的研究方向考虑以边缘用户的声誉或排名作为激励目标设计激励机制，探讨更多针对边缘网络服务中的非货币激励模式。

第三，以真实商业数据为驱动。从经济学角度的大多数现有研究工作都是通过数学模型刻画模拟用户经济行为，而缺少相关产业数据支撑。作者期望能够有相关商业数据为依托，反推用户经济行为，设计更为真实有效的激励机制，也期待所设计的激励机制能够真正走向商用，对相关产业起到推动促进的作用。

　　第四，探索更多应用场景和服务。随着边缘思想进一步深入生产生活，智慧电网、下一代工业体系结构、自动驾驶等领域中都出现了边缘计算概念，因此结合不同的场景和应用特性，在更多应用背景和服务中设计独到的激励机制是非常必要的。

附录 部分源代码说明

　　本附录收录了本书中系统模型、网络模型和部分算法的核心源代码，旨在帮助读者更好地理解相关理论与实践过程。代码以Python语言编写，读者可根据需要复制、修改并运行这些代码以进行实验或拓展研究。

（一）系统模型

　　本部分内容展示了系统模型中关键要素的源代码实现。我们以类（class）的形式对系统各组成部分进行了模块化建模，包括智能设备、边缘云、基站、任务等核心角色。通过这种结构化的方式，读者可以更清晰地理解书中系统设计的逻辑与相互关系，也便于后续拓展与实际部署。

```python
class Device:
    """基本设备类"""
    def __init__(self,ser_num:int,com_power:float):
        self.ser_num = ser_num
```

```
        self.com_power = com_power


class Cloud(Device):
    """用于表示具备计算能力的云服务器"""
    def __init__(self,ser_num:int,com_res:float):
        super().__init__(ser_num,com_res)


    @ property
        def com_res(self):
            return self.com_power
```

@ property 是 Python 的装饰器，用于将一个方法转换为类的属性。代码通过装饰器@ property 将 com_res 定义为一个只读属性，使其可以像访问变量一样被调用。对外暴露一个名为 com_res 的只读属性，用以表示云服务器的计算能力，其实际值来自于类内部的 com_power 属性，用于对外提供更抽象的接口，有利于接口的封装性和可维护性。

```
class AccessPoint:
    """用于表示具备带宽资源的接入点"""
    def __init__(self,ser_num:int,band:float):
        self.ser_num = ser_num
        self.band = band


class Task:
```

```python
    """用于表示含有数据大小和工作量的计算任务"""

    def __init__(self,ser_num:int,wload:float,in_
                size:float,out_size:float):
        self.ser_num = ser_num
        self.wload = wload
        self.in_size = in_size
        self.out_size = out_size
```

以类继承的方式，在任务类的基础上详细刻画任务属性，读者可以根据需要增加任务的其他属性。

```python
class TaskWithDeadline(Task):
    """用于表示含有截止时间的任务"""
    def __init__(self,ser_num:int,wload:float,in_
                size:float,out_size:float,dead-
                line:float):
        super().__init__(ser_num,wload,in_size,
        out_size)
        self.deadline = deadline
```

以类继承的方式，在设备类的基础上详细刻画移动设备属性，读者可以根据需要增加智能设备的其他属性。

```python
class MobileDevice(Device):
    """用于表示具有能量消耗特征的设备"""
```

```python
    def __init__(self,ser_num:int,com_power:float,
                 energy_exec:float,energy_se:
                 float,
                 energy_idle:float,energy_rec:
                 float):
        super().__init__(ser_num,com_power)
        self.energy_exec = energy_exec
        self.energy_se = energy_se
        self.energy_idle = energy_idle
        self.energy_rec = energy_rec


class EconomicMobileDevice(MobileDevice):
    """用于表示具有经济约束和任务信息的移动设备"""
    def __init__(self,ser_num:int,com_power:float,
                 energy_exec:float,energy_se:
                 float,
                 energy_idle:float,energy_rec:
                 float,
                 task:Task,budget:float,
                 money_ratio:float,goal:float):
        super().__init__(ser_num,com_power,energy_
                 exec,
                 energy_se,energy_idle,
                 energy_rec)
```

```python
        self.task = task
        self.budget = budget
        self.money_ratio = money_ratio
        self.goal = goal


class EconomicCloudlet(Cloud):
    """用于表示具有定价和任务请求的云设备"""
    def __init__(self,ser_num:int,com_res:float,
                price:float):
        super().__init__(ser_num,com_res)
        self._price = price
        self._request = 0.0

    @property
    def price(self):
        return self._price

    @price.setter
    def price(self,value:float):
        self._price = value

    @property
    def request(self):
        return self._request
```

```python
    @ request.setter
    def request(self,value:float):
        self._request = value


    @ property
    def surplus(self):
        return self.request - self.price * self.
        com_res


class EconomicAccessPoint(AccessPoint):
    """用于表示具有定价和任务请求的接入点"""


    def __init__(self,ser_num:int,band:float,
                    price:float):
        super().__init__(ser_num,band)
        self._price = price
        self._request = 0.0


    @ property
    def price(self):
        return self._price


    @ price.setter
    def_price(self,value:float):
```

```python
        self._price = value


    @ property
    def request(self):
        return self._request


    @ request.setter
    def request(self,value:float):
        self._request = value


    @ property
    def surplus(self):
        return self.request - self.price * self.
            band
```

（二）基市交易方法

本部分内容展示了资源分配过程的基础源代码。以函数定义的方式为主，介绍了系统中任务与计算资源之间进行交易与匹配的基本方法，涵盖了成本计算、效用评估、资源消耗分析及买卖双方查找选择等关键过程，为后续的协同决策和优化调度提供了基础支持。

寻找 iso 曲线

```python
def find_isocost(mobi_dev,ap,clist):
    res_combin = []
    gain = 1.0
    budget = mobi_dev.get_budget()

    for ratio_com_budget in [i * x for i in range(y)]:
        ratio_band_budget = 1 - ratio_com_budget
        budget_com = ratio_com_budget * budget
        bud_ba = ratio_band_budget * budget * gain
        num_band = bud_ba / ap.get_price() if bud_ba
        else 0
        num_com = 0

        if budget_com:
            cl_sorted = sorted(clist,key = lambda c:
                                    c.get_price())
            for cloud incl_sorted:
                price = cl.get_price()
                res = cl.get_com_res()
                cost = res * price

                if cost > budget_com:
                    num_com + = budget_com / price
                    break
```

```
            else:
                    num_com + = res
                    budget_com - = cost
        res_combin.append([num_band,num_com])
    return res_combin
```

本地计算开销

```
def local_cost(mobi_dev):
    task =mobi_dev.get_task()
    wload = task.get_wload()
    com_power = mobi_dev.get_com_power()

    if mobi_dev.get_goal() = = 1:
        return wload /com_power
    else:
        return(wload /com_power) * mobi_dev.get_
        exe_en()
```

云端计算开销

```
def off_cost(mobi_dev,band,com):
    task =mobi_dev.get_task()
    in_data = task.get_in_data_size()
    out_data = task.get_out_data_size()
    wload = task.get_wload()
```

```python
if mobi_dev.get_goal() == 1:
    return wload /com + (in_data + out_data)/band
else:
    return((wload /com) * mobi_dev.get_idle_en() +
           (in_data /band) * mobi_dev.get_send_en() +
           (out_data /band) * mobi_dev.get_re_en())
```

计算效用

```python
def com_utility(loc_cost,off_cost,money_cost,money_ratio):
    return loc_cost - off_cost - (money_cost * money_ratio)
```

总开销计算

```python
def consumption(ap,clist,num_band,num_com):
    band_cost = num_band * ap.get_price()
    com_cost = 0
    cl_sorted = sorted(clist,key = lambda c:c.get_price())

    for cloud incl_sorted:
        res = cl.get_com_res()
        price = cl.get_price()
```

```
        if num_com < = 0 :
            break
        if res > = num_com:
            com_cost + = num_com * price
            break
        else:
            com_cost + = res * price
            num_com - = res
    return band_cost + com_cost
```

寻找与智能设备相连的接入点

```
    def get_ap_sup(network:Dict,smd) - > Union[None,
    object]:
        return network.get(smd)
```

寻找资源提供方,返回与指定智能设备连接到同一接入点的资源提供方列表

```
    def find_cl_sup(network:Dict,smd) - > List[ob-
    ject]:
        ap = network.get(smd)
        if ap is None:
            return []

        return [
```

```
            node for node, connect in network.
            items()
            if isinstance(node,EcoCl)and ap in
            connect
    ]
```

寻找潜在买家，通过检查智能设备的网络连接情况和预算分配，识别其是否为潜在买家，程序返回一个包含买家及其预算策略的字典。

```
def find_buyers(smd_list:List[object],ap_list:
List[object],
            cl_list:List[object],network:
            Dict)->
            Tuple[Dict[object,float],Dict[object,
            object]]:
    buyers = {}
    strategies = {}

    for smd in smd_list:
        ap = get_ap_sup(network,smd)
        cl_sup = find_cl_sup(network,smd)

        if ap and cl_sup:
            utility,budget,strategy =opt_bud_al
```

```
                                          (smd,ap,cl_
                                          sup)
            if budget > 0:
                buyers[smd] = budget
                strategies[smd] = strategy
    return buyers,strategies
```

（三）网络模型

本部分内容展示了系统中通信与交易结构的生成方法，以函数定义的方式构建设备之间的物理连接网络、生成图结构的邻接矩阵，并基于网络拓扑和交易关系建立资源交易网络模型，为任务传输、资源匹配及协同交互提供基础支撑。

生成一个网络拓扑，其中每个智能设备连接到一个接入点，每个云服务器连接到一组随机的接入点。

```
def ge_net(smd_list:List[Any],cl_list:List[Any],ap_list:
        List[Any]) - > Dict[Any,Any]:
    network = {}
#将智能设备随机分配给一个接入点
    for smd in smd_list:
        network[smd] = random.choice(ap_list)

#将云服务器随机分配给一组接入点
```

```
for cloud incl_list:
    con_aps = random.sample(ap_list,
                k = random.randint(1,len(ap_list)))
    network[cloud] = con_aps
```
#返回网络结构
```
    return network
```

生成一个构建用于基于流分配的图矩阵
```
def generate_graph_matrix(ap_list:List[Any],cl_
list:List[Any],p_buyer:Dict[Any,float],network:
Dict[Any,Any]) -> List[List[float]]:
    num_ap = len(ap_list)
    num_cloud = len(cl_list)
    num_smd = len(p_buyer)
    vertex_count = num_ap + num_cloud + num_smd + 2
```

#源节点为 0
```
    source = 0
    sink = vertex_count - 1
    graph = [[0.0] * vertex_count for _ in range(vertex_
count)]
```

#源节点到接入点
```
    for i,ap in enumerate(ap_list,start =1):
```

```
        graph[source][i] = ap.get_price() * ap.get_
        band_res()
```

#源节点到云服务器
```
for j,cloud in enumerate(cl_list,start = len(ap_
list)+1):
        graph[source][j] = cl.get_price() * cl.get_
        com_res()
```
#智能设备到汇点、接入点和云服务器
```
for idx,(smd,budget)in enumerate(p_buyer.items(),
                start = len(ap_list) + len(cl_
                list)+1):
        ap = get_ap_sup(network,smd)
        clouds = get_cloud_supplier(network,smd)

        if ap and clouds:
            graph[idx][sink] = budget

            #接入点到智能设备
            ap_index = int(ap.get_ser_num()[2:])
            graph[ap_index][idx] = float('inf')

            #云服务器到智能设备
            for cloud in clouds:
```

```
        cl_index = int(cl.get_ser_num()[5:])
                    +len(ap_list)
        graph[cl_index][idx] = float('inf')
```

#返回系统图

```
    return graph
```

构建面向交易行为的网络表示,包含供应方(接入点和云服务器)和需求方(智能设备)。

```
def build_business_network(
    network:Dict[Any,Any],
    smd_list:List[Any],
    cl_list:List[Any],
    ap_list:List[Any]) - > Dict[str,Dict[Any,float]]:
    business_net = {}

    #供应商价格获取与更新
    supplier_prices = {
        ap:ap.get_price()for ap in ap_list
    }
    supplier_prices.update({
        cloud:cl.get_price()for cloud in cl_list})

    #买方预算及更新
```

```
buyer_budgets = {
    smd:smd.get_budget()for smd in smd_list
}


business_net['s'] = supplier_prices
business_net['t'] = buyer_budgets


#单个智能设备与供应方之间的关系
for smd in smd_list:
    suppliers = {}
    ap  = get_ap_sup(network,smd)
    clouds  = get_cloud_supplier(network,smd)

    if ap:
        suppliers[ap] = float('inf')

    for cloud in clouds:
        suppliers[cloud] = float('inf')

    business_net[smd] = suppliers
#返回交易网络
    return business_net
```

（四）部分算法

本部分内容介绍用于资源分配与网络优化的关键算法——

Min – Cut（最小割）算法。该算法在构建的流网络模型上运行，通过识别从源点到汇点的最小割集，确定在容量和成本约束下最优的任务分配方案。Min – Cut 方法可有效划分资源供给方与需求方之间的边界，为实现系统中高效、公平的计算任务分配提供了理论基础与算法支持。

Min – Cut（最小割）算法

```
class Graph:
    """初始化一个残量图。变量 ca_matrix:表示节点之间容量的二维列表。"""
    def __init__(self, ca_matrix: List[List
    [float]]) -> None:
        self.graph = [row[:]for row in ca_matrix]
        self.ori_graph = [row[:]for row in ca_
        matrix]
        self.num_nodes = len(ca_matrix)


    """构建广度优先搜索算法,用于查找具有可用容量的路径。
    其中变量 source 表示源节点索引,sink 表示汇节点索引,
    parent 用于存储增广路径的列表,最终如果存在可行路径则
    返回 True,否则返回 False。"""

    def _bfs(self,source:int,sink:int,parent:
    List[int]):
```

```python
        visited = [False] * self.num_nodes
        queue = [source]
        visited[source] = True
        parent[source] = -1

        while queue:
            u = queue.pop(0)
            for v, capacity in enumerate(self.
            graph[u]):
                if not visited[v]and capacity >0:
                    queue.append(v)
                    parent[v] = u
                    visited[v] = True

        return visited[sink]


    """"使用 Ford - Fulkerson 算法(通过广度优先搜索)
计算最小割,返回一个元组,包含位于汇点一侧的目标节点
集合。"""

    def min_cut(self,source:int,sink:int):
        parent = [-1] * self.num_nodes
        max_flow = 0
```

#当存在从源节点到汇节点的路径时,增加流量

```
while self._bfs(source,sink,parent):
    #找出路径上的瓶颈容量。
    path_flow = float('inf')
    v = sink
    while v != source:
        u = parent[v]
        path_flow = min(path_flow,
                        self.graph
                        [u][v])
        v = u


    #更新残量图。
    v = sink
    while v != source:
        u = parent[v]
        self.graph[u][v] -= path_flow
        self.graph[v][u] += path_flow
        v = u


    max_flow += path_flow


#确定残量图中从源节点可达的节点
visited = [False] * self.num_nodes
```

```
        self._dfs(source,visited)


        #收集割集中汇点侧节点
        cut_set = {j for i in range(self.num_
        nodes)

                        for j in range(self.num_
                        nodes)

                        if visited[i]and not visited
                        [j]and

                        self.ori_graph[i][j] > 0}
#返回最大流、最小割
        return max_flow,cut_set


    """使用深度优先搜索,用于标记从源节点可达的节点。变
量u为当前节点,visited用于记录已访问节点。"""


        def _dfs(self,u:int,visited:List[bool]) - >
        None:
            visited[u] = True
            for v,capacity in enumerate(self.graph
            [u]):
                    if capacity > 0 and not visited[v]:
                            self._dfs(v,visited)
```

参 考 文 献

［1］蔡艳，吴凡，朱洪波 . D2D 协作边缘缓存系统中基于传输时延的缓存策略［J］. 通信学报，2021，42（3）：183－189.

［2］程百川 . 基于深度强化学习的 MEC 计算卸载和资源分配研究［D］. 北京：北京邮电大学，2019.

［3］高阳，陈世福，陆鑫 . 强化学习研究综述［J］. 自动化学报，2004，30（1）：86－100.

［4］郭惠容 . 激励理论综述［J］. 企业经济，2001（6）：32－34.

［5］郭马兵 . 激励理论评述［J］. 首都经济贸易大学学报，2002，4（6）：37－40.

［6］贺硕 . 移动边缘网络缓存技术研究［D］. 北京：北京邮电大学，2020.

［7］黄永明，郑冲，张征明，等 . 大规模无线通信网络移动边缘计算和缓存研究［J］. 通信学报，2021，42（4）：44－61.

［8］姜婧妍 . 面向边缘智能的资源分配和任务调度的研究［D］. 长春：吉林大学，2020.

［9］赖茂生，王芳 . 信息经济学［M］. 北京：北京大学出版社，2006.

［10］李肯立，刘楚波．边缘智能：现状和展望［J］．大数据，2019，5（3）：69 - 75.

［11］李余，何希平，唐亮贵．基于终端直通通信的多用户计算卸载资源优化决策［J/OL］．计算机应用：1 - 10［2021 - 07 - 31］．http：//kns. cnki. net/kcms/detail/51. 1307. TP. 20210712. 1512. 004. html.

［12］芦效峰，廖钰盈．一种面向边缘计算的高效异步联邦学习机制［J］．计算机研究与发展，2020，57（12）：2571

［13］马冀，刘超，林尚静，等．移动大数据赋能的移动边缘缓存技术研究［J］．通信技术，2019，6.

［14］孟泽宇．边缘侧分布式模型训练与任务迁移技术研究［D］．北京：中国科学技术大学，2021.

［15］闵二龙，陈震，许宏峰，等．内容中心网络CCN研究进展探析［J］．信息网络安全，2012，4（2）：6 - 10，22.

［16］莫梓嘉，高志鹏，苗东．边缘智能：人工智能向边缘分布式拓展的新触角［J］．数据与计算发展前沿，2020，2（4）：16 - 27.

［17］施巍松，孙辉，曹杰，等．边缘计算：万物互联时代新型计算模型［J］．计算机研究与发展，2017，54（5）：907.

［18］施巍松，张星洲，王一帆，等．边缘计算：现状与展望［J］．计算机研究与发展，2019，56（1）：69.

［19］王国顺．企业理论：契约理论［M］．北京：中国经济出版社，2006.

［20］王健宗，孔令炜，黄章成，等．联邦学习算法综述［J］．大数据，2020，6（6）.

［21］温雨舟. 工业智能边缘计算任务调度问题研究［D］. 杭州：浙江理工大学，2020.

［22］吴超，张尧学，周悦芝，等. 信息中心网络发展研究综述［J］. 计算机学报，2015，38（3）：455－471.

［23］吴蓉，郑烇，杨坚. ICN 中免费内容的缓存定价机制［J］. 计算机系统应用，2020，29（8）：38－47.

［24］谢人超，廉晓飞，贾庆民，等. 移动边缘计算卸载技术综述［J］. 通信学报，2018，39（11）：138－155.

［25］许永国. 拍卖经济理论综述［J］. 经济研究，2002.

［26］杨强，刘洋，陈天健，等. 联邦学习［J］. 中国计算机学会通讯，2018，14（11）：49－55.

［27］张海君，张资政，隆克平. 基于移动边缘计算的 NOMA 异构网络资源分配［J］. 通信学报，2020，41（4）：27－33.

［28］张维迎. 博弈论与信息经济学［M］. 上海：上海人民出版社，2004.

［29］张维迎. 企业的企业家——契约理论［M］. 北京：格致出版社，1995.

［30］张星洲，鲁思迪，施巍松. 边缘智能中的协同计算技术研究［J］. 人工智能，2019，5（7）.

［31］章凯. 激励理论新解［J］. 科学管理研究，2003（2）：90－93，99.

［32］周知，于帅，陈旭. 边缘智能：边缘计算与人工智能融合的新范式［J］. 大数据，2019，5（2）：53－63.

［33］Abbas N，Zhang Y，Taherkordi A，et al. Mobile edge computing: A survey [J]. IEEE Internet of Things Journal, 2017, 5 (1): 450 – 465.

[34] Abdul Rahman S, Tout H, Ould – Slimane H, et al. A survey on federated learning: The journey from centralized to distributed onsite learning and beyond [J]. IEEE Internet of Things Journal, 2021, 8 (7): 5476 – 5497.

[35] Acquisti A, Brandimarte L, Loewenstein G. Privacy and human behavior in the age of information [J]. Science, 2015, 347 (6221): 509 – 514.

[36] Adamic L A, Huberman B A. Zipf's law and the Internet [J]. Glottometrics, 2002, 3 (1): 143 – 150.

[37] Ahlgren B, Dannewitz C, Imbrenda C, et al. A survey of information-centric networking [J]. IEEE Communications Magazine, 2012, 50 (7): 26 – 36.

[38] Akerlof G A. The market for "lemons": Quality uncertainty and the market mechanism [M]//Uncertainty in economics. Academic Press, 1978: 235 – 251.

[39] Akherfi K, Gerndt M, Harroud H. Mobile cloud computing for computation offloading: Issues and challenges [J]. Applied Computing and Informatics, 2018, 14 (1): 1 – 16.

[40] All Prizes in Economic Sciences [EB/OL]. NobelPrize. org. Retrieved July 16, 2021, from website: https://www. nobelprize. org/prizes/lists/all-prizes-in-economic-sciences.

[41] Amadeo M, Campolo C, Molinaro A, et al. Content – centric

wireless networking: A survey [J]. Computer Networks, 2014, 72: 1 – 13.

[42] Anselmi J, Ardagna D, Lui J C S, et al. The economics of the cloud: price competition and congestion [J]. ACM SIGMETRICS Performance Evaluation Review, 2014, 41 (4): 47 – 49.

[43] Apostolopoulos P A, Tsiropoulou E E, Papavassiliou S. Risk – aware data offloading in multi-server multi-access edge computing environ-ment [J]. IEEE/ACM Transactions on Networking, 2020, 28 (3): 1405 – 1418.

[44] Armbrust M, Fox A, Griffith R, et al. A view of cloud com-puting [J]. Communications of the ACM, 2010, 53 (4): 50 – 58.

[45] Asheralieva A, Niyato D. Combining contract theory and Lya-punov optimization for content sharing with edge caching and device-to-de-vice communications [J]. IEEE/ACM Transactions on Networking, 2020, 28 (3): 1213 – 1226.

[46] Balakrishnan S, Koza M P. Information asymmetry, adverse selection and joint-ventures: Theory and evidence [J]. Journal of Eco-nomic Behavior & Organization, 1993, 20 (1): 99 – 117.

[47] Banawan K, Ulukus S. Asymmetry hurts: Private information retrieval under asymmetric traffic constraints [J]. IEEE Transactions on Information Theory, 2019, 65 (11): 7628 – 7645.

[48] Barbera M V, Kosta S, Mei A, et al. To offload or not to off-load? the bandwidth and energy costs of mobile cloud computing [C]// 2013 Proceedings IEEE INFOCOM. IEEE, 2013: 1285 – 1293.

[49] Bolton P, Dewatripont M. Contract theory [M]. MIT Press,

2005.

［50］ Bonomi F, Milito R, Zhu J, et al. Fog computing and its role in the internet of things ［C］//Proceedings of the first edition of the MCC workshop on Mobile cloud computing, 2012: 13 – 16.

［51］ Boyd S, Boyd S P, Vandenberghe L. Convex optimization ［M］. Cambridge University Press, 2004.

［52］ Breslau L, Cao P, Fan L, et al. Web caching and Zipf – like distributions: Evidence and implications ［C］//IEEE INFOCOM' 99. Conference on Computer Communications. Proceedings. Eighteenth Annual Joint Conference of the IEEE Computer and Communications Societies. The Future is Now (Cat. No. 99CH36320). IEEE, 1999, 1: 126 – 134.

［53］ Brown A, Merkl C, Snower D. An incentive theory of matching ［J］. Macroeconomic Dynamics, 2015, 19 (3): 643 – 668.

［54］ Busoniu L, Babuska R, De Schutter B. A comprehensive survey of multiagent reinforcement learning ［J］. IEEE Transactions on Systems, Man, and Cybernetics, Part C (Applications and Reviews), 2008, 38 (2): 156 – 172.

［55］ Camanho A S, Dyson R G. Cost efficiency measurement with price uncertainty: a DEAapplication to bank branch assessments ［J］. European Journal of Operational Research, 2005, 161 (2): 432 – 446.

［56］ Chen M, Shlezinger N, Poor H V, et al. Communication – efficient federated learning ［J］. Proceedings of the National Academy of Sciences, 2021, 118 (17).

［57］ Chen M, Yang Z, Saad W, et al. A joint learning and communications framework for federated learning over wireless networks [J]. IEEE Transactions on Wireless Communications, 2020, 20 (1): 269 – 283.

[58] Chen X, Jiao L, Li W, et al. Efficient multi-user computation offloading for mobile-edge cloud computing [J]. IEEE/ACM Transactions on Networking, 2015, 24 (5): 2795 – 2808.

[59] Cla B, Jb A, Yi C C, et al. Resource and replica management strategy for op timizing financial cost and user experience in edge cloud computing system – Sci enceDirect [J]. Information Sciences, 2020, 516: 33 – 55.

[60] Corbett C J, Tang C S. Designing supply contracts: Contract type and information asymmetry [M]//Quantitative models for supply chain management. Springer, Boston, MA, 1999: 269 – 297.

[61] Cvitanic J, Zhang J. Contract theory in continuous-time models [M]. Springer Science & Business Media, 2012.

[62] Deng L. The mnist database of handwritten digit images for machine learning research [best of the web] [J]. IEEE Signal Processing Magazine, 2012, 29 (6): 141 – 142.

[63] Deng S, Zhao H, Fang W, et al. Edge intelligence: The confluence of edge computing and artificial intelligence [J]. IEEE Internet of Things Journal, 2020, 7 (8): 7457 – 7469.

[64] Ding N, Fang Z, Huang J. Incentive mechanism design for federated learning with multi-dimensional private information [C]//2020 18th International Symposium on Modeling and Optimization in Mobile, Ad Hoc, and Wireless Networks (WiOPT). IEEE, 2020: 1 – 8.

［65］Dinh H T, Lee C, Niyato D, et al. A survey of mobile cloud computing: architecture, applications, and approaches ［J］. Wireless communications and mobile computing, 2013, 13 (18): 1587 – 1611.

［66］Dinh T Q, Tang J, La Q D, et al. Offloading in mobile edge computing: Task allocation and computational frequency scaling ［J］. IEEE Transactions on Communications, 2017, 65 (8): 3571 – 3584.

［67］Duan L, Gao L, Huang J. Cooperative spectrum sharing: A contract-based approach ［J］. IEEE Transactions on Mobile Computing, 2012, 13 (1): 174 – 187.

［68］E. N and C. L. Hull. Principles of behavior: An introduction to behavior theory ［J］. The Journal of Philosophy, 1943, 40 (20): 558 – 559.

［69］Ellingsen T, Johannesson M. Pride and prejudice: The human side of incentive theory ［J］. American Economic Review, 2008, 98 (3): 990 – 1008.

［70］Feng S, Niyato D, Wang P, et al. Joint service pricing and cooperative relay communication for federated learning ［C］//2019 International Conference on Internet of Things (iThings) and IEEE Green Computing and Communications (Green Com) and IEEE Cyber, Physical and Social Computing (CPSCom) and IEEE Smart Data (Smart Data). IEEE, 2019: 815 – 820.

［71］Fernando N, Loke S W, Rahayu W. Mobile cloud computing: A survey ［J］. Future Generation Computer Systems, 2013, 29 (1): 84 – 106.

［72］ Frank R H. Principles of microeconomics ［M］. McGraw Hill, 2004.

［73］ Gao G, Hu H, Wen Y, et al. Resource provisioning and profit maximization for transcoding in clouds: A two-timescale approach ［J］. IEEE Transactions on Multimedia, 2016, 19 (4): 836 – 848.

［74］ Ghorbani A, Zou J. Data shapley: Equitable valuation of data for machine learning ［C］//International Conference on Machine Learning. PMLR, 2019: 2242 – 2251.

［75］ Goian H S, Al – Jarrah O Y, Muhaidat S, et al. Popularity – based video caching techniques for cache-enabled networks: A survey ［J］. IEEE Access, 2019, 7: 27699 – 27719.

［76］ Greengard S. AI on edge ［J］. Communications of the ACM, 2020, 63 (9): 18 – 20.

［77］ Guo S, Feng G, Liao X, et al. Hopf bifurcation control in a congestion control model via dynamic delayed feedback ［J］. Chaos: An Interdisciplinary Journal of Nonlinear Science, 2008, 18 (4): 043104.

［78］ Guo S, Xiao B, Yang Y, et al. Energy – efficient dynamic offloading and resource scheduling in mobile cloud computing ［C］//IEEE IN-FOCOM 2016 – The 35th Annual IEEE International Conference on Computer Communications. IEEE, 2016: 1 – 9.

［79］ Gupta L, Jain R, Chan H A. Mobile edge computing—An important ingredient of 5G networks ［J］. IEEE Software Defined Networks Newsletter, 2016.

［80］ Han D, Wang H, Zheng R. SIM: An Incentive Mechanism

Based on Signaling Games for Device – to – Device Content – Sharing [C]// 2018 10th International Conference on Wireless Communications and Signal Processing (WCSP). IEEE, 2018: 1 – 6.

[81] Hao C, Dotzel J, Xiong J, et al. Enabling Design Methodologies and Future Trends for Edge AI: Specialization and Co – design [J]. IEEE Design & Test, 2021.

[82] Haugen R A, Senbet L W. The insignificance of bankruptcy costs to the theory of optimal capital structure [J]. The Journal of Finance, 1978, 33 (2): 383 – 393.

[83] He J, Wang H, Chu X, et al. Incentive mechanism and content provider selection for device-to-device-based content sharing [J]. IEEE Transactions on Vehicular Technology, 2019, 68 (3): 2946 – 2957.

[84] He J, Zhang D, Zhou Y, et al. A truthful online mechanism for collaborative computation offloading in mobile edge computing [J]. IEEE Transactions on Industrial Informatics, 2019, 16 (7): 4832 – 4841.

[85] He Y, Liang C, Yu F R, et al. Trust – based social networks with computing, caching and communications: A deep reinforcement learning approach [J]. IEEE Transactions on Network Science and Engineering, 2018, 7 (1): 66 – 79.

[86] Hebb D O. The organization of behavior: A neuropsychological theory [M]. Psychology Press, 2005.

[87] Hou X, Ren Z, Wang J, et al. Reliable computation offload-

ing for edge-computing-enabled software-defined IoV [J]. IEEE Internet of Things Journal, 2020, 7 (8): 7097 – 7111.

[88] Hou T, Feng G, Qin S, et al. Proactive content caching by exploiting transfer learning for mobile edge computing [J]. International Journal of Communication Systems, 2018, 31 (11): e3706.

[89] Hu J, Niu H, Carrasco J, et al. Voronoi – based multi-robot autonomous exploration in unknown environments via deep reinforcement learning [J]. IEEE Transactions on Vehicular Technology, 2020, 69 (12): 14413 – 14423.

[90] Hu R Q. Mobility – aware edge caching and computing in vehicle networks: A deep reinforcement learning [J]. IEEE Transactions on Vehicular Technology, 2018, 67 (11): 10190 – 10203.

[91] Huang X, Yu R, Ye D, et al. Efficient Workload Allocation and User – Centric Utility Maximization for Task Scheduling in Collaborative Vehicular Edge Computing [J]. IEEE Transactions on Vehicular Technology, 2021, 70 (4): 3773 – 3787.

[92] Jedari B, Premsankar G, Illahi G, et al. Video Caching, Analytics, and Delivery at the Wireless Edge: A Survey and Future Directions [J]. IEEE Communications Surveys & Tutorials, 2020, 23 (1): 431 – 471.

[93] Jia G, Han G, Du J, et al. A maximum cache value policy in hybrid memory-based edge computing for mobile devices [J]. IEEE Internet of Things Journal, 2018, 6 (3): 4401 – 4410.

[94] Jiang W, Feng G, Qin S, et al. Learning – based cooperative

content caching policy for mobile edge computing ［C］//ICC 2019 – 2019 IEEE International Conference on Communications（ICC）. IEEE，2019： 1 – 6.

［95］ Jin A L，Song W，Wang P，et al. Auction mechanisms toward efficient resource sharing for cloudlets in mobile cloud computing ［J］. IEEE Transactions on Services Computing，2015，9（6）：895 – 909.

［96］ Johnston L A，Krishnamurthy V. Opportunistic file transfer over a fading chan nel：A POMDP search theory formulation with optimal threshold policies ［J］. IEEE Transactions on Wireless Communications， 2006，5（2）：394 – 405.

［97］ Jošilo S，Dán G. Computation offloading scheduling for periodic tasks in mobile edge computing ［J］. IEEE/ACM Transactions on Networking，2020，28（2）：667 – 680.

［98］ Kaelbling L P，Littman M L，Moore A W. Reinforcement learning：A survey ［J］. Journal of Artificial Intelligence Research， 1996，4：237 – 285.

［99］ Kamar E S，Horvitz E J. Incentives for truthful reporting in crowdsourcing ［J］. Annals of Neurology，2009，65（6）：650 – 657.

［100］ Kang J，Xiong Z，Niyato D，et al. Incentive mechanism for reliable federated learning：A joint optimization approach to combining reputation and contract theory ［J］. IEEE Internet of Things Journal， 2019，6（6）：10700 – 10714.

［101］ Kang Y，Hauswald J，Gao C，et al. Neurosurgeon：Collaborative intelligence between the cloud and mobile edge ［J］. ACM SI-GARCH Computer Architecture News, 2017, 45 (1): 615 - 629.

［102］ Kaplanis C, Shanahan M, Clopath C. Continual reinforcement learning with complex synapses ［C］//International Conference on Machine Learning. PMLR, 2018: 2497 - 2506.

［103］ Khan K S, Naeem A, Jamalipour A. Incentive - based Caching and Communication in a Clustered D2D Network ［J］. IEEE Internet of Things Journal, 2021.

［104］ Khan L U, Pandey S R, Tran N H, et al. Federated learning for edge networks: Resource optimization and incentive mechanism ［J］. IEEE Communications Magazine, 2020, 58 (10): 88 - 93.

［105］ Khan L U, Saad W, Han Z, et al. Federated learning for internet of things: Recent advances, taxonomy, and open challenges ［J］. IEEE Communications Surveys & Tutorials, 2021.

［106］ Kiani A, Ansari N. Toward hierarchical mobile edge computing: An auction-based profit maximization approach ［J］. IEEE Internet of Things Journal, 2017, 4 (6): 2082 - 2091.

［107］ Killeen P R. Incentive theory: Ⅱ. Models for choice ［J］. Journal of the experimental analysis of behavior, 1982, 38 (2): 217 - 232.

［108］ Killeen P R. Incentive theory ［C］//Nebraska symposium on motivation. University of Nebraska Press, 1981.

［109］ Konečný J, McMahan H B, Yu F X, et al. Federated learning: Strategies for improving communication efficiency ［J］. arXiv preprint arXiv: 1610. 05492, 2016.

[110] Koponen T, Chawla M, Chun B G, et al. A data-oriented (and beyond) network architecture [C]//Proceedings of the 2007 conference on Applications, technologies, architectures, and protocols for computer communications, 2007: 181 – 192.

[111] Kosta A, Pappas N, Angelakis V. Age of information: A new concept, metric, and tool [J]. Foundations and Trends in Networking, 2017, 12 (3): 162 – 259.

[112] Krishna V. Auction theory [M]. Academic Press, 2009.

[113] Kuang L, Gong T, OuYang S, et al. Offloading decision methods for multiple users with structured tasks in edge computing for smart cities [J]. Future Generation Computer Systems, 2020, 105: 717 – 729.

[114] Kuang Z, Guo S, Liu J, et al. A quick-response framework for multi-user computation offloading in mobile cloud computing [J]. Future Generation Computer Systems, 2018, 81: 166 – 176.

[115] Leighton F T, Lewin D M. Content delivery network using edge-of-network servers for providing content delivery to a set of participating content providers: U. S. Patent 6, 553, 413 [P]. 2003 – 4 – 22.

[116] Levine D, Lippman S A. The economics of information [M]. Edward Elgar Publishing, 1995.

[117] Lewis A L. A simple algorithm for the portfolio selection problem [J]. The Journal of Finance, 1988, 43 (1): 71 – 82.

[118] Li E, Zeng L, Zhou Z, et al. Edge AI: On – demand ac-

celerating deep neural network inference via edge computing [J]. IEEE Transactions on Wireless Communications, 2019, 19 (1): 447 - 457.

[119] Li L, Siew M, Quek T Q S. Learning - based pricing for pri-vacy-preserving job offloading in mobile edge computing [C]//ICASSP 2019 - 2019 IEEE International Conference on Acoustics, Speech and Signal Processing (ICASSP). IEEE, 2019: 4784 - 4788.

[120] Li T, Sahu A K, Talwalkar A, et al. Federated learning: Challenges, methods, and future directions [J]. IEEE Signal Processing Magazine, 2020, 37 (3): 50 - 60.

[121] Li W, Liewig M. A survey of AI accelerators for edge envi-ronment [C]//World Conference on Information Systems and Technolo-gies. Springer, Cham, 2020: 35 - 44.

[122] Liang Y, Ge J, Zhang S, et al. A utility-based optimization framework for edge service entity caching [J]. IEEE Transactions on Par-allel and Distributed Systems, 2019, 30 (11): 2384 - 2395.

[123] Lim W Y B, Luong N C, Hoang D T, et al. Federated learning in mobile edge networks: A comprehensive survey [J]. IEEE Communications Surveys & Tutorials, 2020, 22 (3): 2031 - 2063.

[124] Lim W Y B, Ng J S, Xiong Z, et al. Decentralized Edge Intelligence: A Dynamic Resource Allocation Framework for Hierarchical Federated Learning [J]. IEEE Transactions on Parallel and Distributed Systems, 2021.

[125] Lin H, Zeadally S, Chen Z, et al. A survey on computation offloading modeling for edge computing [J]. Journal of Network and Com-

puter Applications, 2020: 102781.

［126］Lin J Y. Development strategy, viability, and economic convergence ［J］. Economic Development and Cultural Change, 2003, 51 (2): 277 – 308.

［127］Lin X, Wang Y, Xie Q, et al. Task scheduling with dynamic voltage and frequency scaling for energy minimization in the mobile cloud computing environment ［J］. IEEE Transactions on Services Computing, 2014, 8 (2): 175 – 186.

［128］Liu D, Chen B, Yang C, et al. Caching at the wireless edge: design aspects, challenges, and future directions ［J］. IEEE Communications Magazine, 2016, 54 (9): 22 – 28.

［129］Liu D, Simeone O. Privacy for free: Wireless federated learning via uncoded transmission with adaptive power control ［J］. IEEE Journal on Selected Areas in Communications, 2020, 39 (1): 170 – 185.

［130］Luong N C, Wang P, Niyato D, et al. Resource management in cloud networking using economic analysis and pricing models: A survey ［J］. IEEE Communications Surveys & Tutorials, 2017, 19 (2): 954 – 1001.

［131］Lv J, Xiong J, Guo H, et al. Joint computation offloading and resource configuration in ultra-dense edge computing networks: A deep reinforcement learning solution ［C］//2019 IEEE 90th Vehicular Technology Conference (VTC2019 – Fall). IEEE, 2019: 1 – 5.

［132］Mach P, Becvar Z. Mobile edge computing: A survey on architecture and computation offloading [J]. IEEE Communications Surveys & Tutorials, 2017, 19 (3): 1628 – 1656.

[133] Macho – Stadler I, Pérez – Castrillo J D. An introduction to the economics of information: incentives and contracts [M]. Oxford University Press on Demand, 2001.

[134] Mankiw N G. Principles of economics [M]. Cengage Learning, 2014.

[135] Mao M, Humphrey M. Resource Provisioning in the Cloud: An Exploration of Challenges and Research Trends [M]//Handbook of Research on Architectural Trends in Service – Driven Computing. IGI Global, 2014: 589 – 612.

[136] Mao Y, You C, Zhang J, et al. A survey on mobile edge computing: The communication perspective [J]. IEEE Communications Surveys & Tutorials, 2017, 19 (4): 2322 – 2358.

[137] Marshall A. Principles of economics: unabridged eighth edition [M]. Cosimo, Inc., 2009.

[138] Mashayekhy L, Nejad M M, Grosu D, et al. Incentive – compatible online mechanisms for resource provisioning and allocation in clouds [C]//2014 IEEE 7th International Conference on Cloud Computing. IEEE, 2014: 312 – 319.

[139] Mei J, Li K, Tong Z, et al. Profit maximization for cloud brokers in cloud computing [J]. IEEE Transactions on Parallel and Distributed Systems, 2018, 30 (1): 190 – 203.

[140] Menezes F M, Monteiro P K. An introduction to auction theo-

ry［M］. Oxford University Press，USA，2005.

［141］Milgrom P R. Auction theory［C］//Advances in economic theory：Fifth world congress. Cambridge：Cambridge University Press，1987，1：32.

［142］Milgrom P，Milgrom P R. Putting auction theory to work［M］. Cambridge University Press，2004.

［143］Milgrom P. Discovering prices［M］. Columbia University Press，2017.

［144］Mishra D P，Heide J B，Cort S G. Information asymmetry and levels of agency relationships［J］. Journal of marketing Research，1998，35（3）：277 – 295.

［145］Moschakis I A，Karatza H D. Multi – criteria scheduling of Bag – of – Tasks applica tions on heterogeneous interlinked clouds with simulated annealing［J］. Journal of Systems and Software，2015，101：1 – 14.

［146］Myerson R B. Game Theory：Analysis of Conflict［M］. Harvard University Press，1997.

［147］Nazih O，Benamar N，Addaim A. An Incentive Mechanism for Computing Resource Allocation in Vehicular Fog Computing Environment［C］//2020 International Conference on Innovation and Intelligence for Informatics，Computing and Technologies（3ICT）. IEEE，2020：1 – 5.

［148］Newman M E J. Power laws，Pareto distributions and Zipf's law［J］. Contemporary Physics，2005，46（5）：323 – 351.

［149］Niedermayer A，Niedermayer D. Applying Markowitz's critical line algorithm [M]//Handbook of portfolio construction. Springer, Boston, MA, 2010: 383 – 400.

[150] Ning Z, Zhang K, Wang X, et al. Intelligent edge computing in internet of vehicles: a joint computation offloading and caching solution [J]. IEEE Transactions on Intelligent Transportation Systems, 2020, 22 (4): 2212 – 2225.

[151] Oprescu A M, Kielmann T. Bag – of – tasks scheduling under budget con straints [C]//2010 IEEE second international conference on cloud computing tech nology and science. IEEE, 2010: 351 – 359.

[152] Othman M, Madani S A, Khan S U. A survey of mobile cloud computing application models [J]. IEEE Communications Surveys & Tutorials, 2013, 16 (1): 393 – 413.

[153] Pallis G, Vakali A. Insight and perspectives for content delivery networks [J]. Communications of the ACM, 2006, 49 (1): 101 – 106.

[154] Park J, Samarakoon S, Bennis M, et al. Wireless network intelligence at the edge [J]. Proceedings of the IEEE, 2019, 107 (11): 2204 – 2239.

[155] Perino D, Varvello M. A reality check for content centric networking [C]//Proceedings of the ACM SIGCOMM workshop on Information – centric networking, 2011: 44 – 49.

[156] Plachy J, Becvar Z, Strinati E C, et al. Dynamic Allocation of Computing and Communication Resources in Multi – Access Edge Computing for Mobile Users [J]. IEEE Transactions on Network and Service Management, 2021.

[157] Prasad G V, Prasad A S, Rao S. A combinatorial auction mechanism for multiple resource procurement in cloud computing [J]. IEEE Transactions on Cloud Computing, 2016, 6 (4): 904 –914.

[158] Ren J, Yu G, Ding G. Accelerating DNN training in wireless federated edge learning systems [J]. IEEE Journal on Selected Areas in Communications, 2020, 39 (1): 219 –232.

[159] Rothchild D, Panda A, Ullah E, et al. FetchSGD: Communication-efficient federated learning with sketching [C] //International Conference on Machine Learning. PMLR, 2020: 8253 –8265.

[160] Roughgarden T. Algorithmic game theory [J]. Communications of the ACM, 2010, 53 (7): 78 –86.

[161] Saleem U, Liu Y, Jangsher S, et al. Latency minimization for D2D – enabled partial computation offloading in mobile edge computing [J]. IEEE Transactions on Vehicular Technology, 2020, 69 (4): 4472 –4486.

[162] Samimi P, Teimouri Y, Mukhtar M. A combinatorial double auction resource allocation model in cloud computing [J]. Information Sciences, 2016, 357: 201 –216.

[163] Sanaei Z, Abolfazli S, Gani A, et al. Heterogeneity in mobile cloud computing: taxonomy and open challenges [J]. IEEE Communications Surveys & Tutorials, 2013, 16 (1): 369 –392.

[164] Sarikaya Y, Ercetin O. Motivating workers in federated learning: A stackelberg game perspective [J]. IEEE Networking Letters, 2019, 2 (1): 23 –27.

［165］Sekretarev U A, Chekalina T V, Malosemov B V. Administration functioning power generation companies by criterion of maximization profit ［C］//Proceedings of 2011 6th International Forum on Strategic Technology. IEEE, 2011, 1: 491 – 494.

［166］Shao J, Zhang J. Communication – computation trade-off in resource-constrained edge inference ［J］. IEEE Communications Magazine, 2020, 58 (12): 20 – 26.

［167］Shi W, Cao J, Zhang Q, et al. Edge computing: Vision and challenges ［J］. IEEE Internet of Things Journal, 2016, 3 (5): 637 – 646.

［168］Shi Y, Yang K, Jiang T, et al. Communication – efficient edge AI: Algorithms and systems ［J］. IEEE Communications Surveys & Tutorials, 2020, 22 (4): 2167 – 2191.

［169］Song M, Wang Z, Zhang Z, et al. Analyzing user-level privacy attack against federated learning ［J］. IEEE Journal on Selected Areas in Communications, 2020, 38 (10): 2430 – 2444.

［170］Song T, Tong Y, Wei S. Profit allocation for federated learning ［C］//2019 IEEE International Conference on Big Data (Big Data). IEEE, 2019: 2577 – 2586.

［171］Staddon J E R, Cerutti D T. Operant conditioning ［J］. Annual Review of Psychology, 2003, 54 (1): 115 – 144.

［172］Stigler G J. The economics of information ［J］. Journal of Political Economy, 1961, 69 (3): 213 – 225.

［173］Su C, Ye F, Liu T, et al. Computation Offloading in Hierarchical Multi – Access Edge Computing Based on Contract Theory and Bayesian Matching Game [J]. IEEE Transactions on Vehicular Technology, 2020, 69 (11): 13686 – 13701.

[174] Sutton R S, Barto A G. Reinforcement learning: An introduction [M]. MIT Press, 2018.

[175] Szepesvári C. Algorithms for reinforcement learning [J]. Synthesis Lectures on Artificial Intelligence and Machine Learning, 2010, 4 (1): 1 – 103.

[176] Taghavi M, Bentahar J, Otrok H. Two-stage game theoretical framework for IaaS market share dynamics [J]. Future Generation Computer Systems, 2020, 102: 173 – 189.

[177] Varian H R, Varian H R. Microeconomic analysis [M]. New York: Norton, 1992.

[178] Vickrey W. Counterspeculation, auctions, and competitive sealed tenders [J]. The Journal of Finance, 1961, 16 (1): 8 – 37.

[179] Wang C, Liang C, Yu F R, et al. Computation offloading and resource allocation in wireless cellular networks with mobile edge computing [J]. IEEE Transactions on Wireless Communications, 2017, 16 (8): 4924 – 4938.

[180] Wang G, Yin J, Hossain M S, et al. Incentive mechanism for collaborative distributed learning in artificial intelligence of things [J]. Future Generation Computer Systems, 2021.

[181] Wang H, Kaplan Z, Niu D, et al. Optimizing federated learning on non-iid data with reinforcement learning [C]//IEEE INFO-

COM 2020 – IEEE Conference on Computer Communications. IEEE, 2020: 1698 – 1707.

［182］Wang J, Hu J, Min G, et al. Fast adaptive task offloading in edge computing based on meta reinforcement learning ［J］. IEEE Transactions on Parallel and Distributed Systems, 2020, 32 (1): 242 – 253.

［183］Wang X, Han Y, Leung V C M, et al. Convergence of edge computing and deep learning: A comprehensive survey ［J］. IEEE Communications Surveys & Tutorials, 2020, 22 (2): 869 – 904.

［184］Wang X, Han Y, Wang C, et al. In – edge AI: Intelligentizing mobile edge computing, caching and communication by federated learning ［J］. IEEE Network, 2019, 33 (5): 156 – 165.

［185］Wang X, Wang J, Zhang X, et al. Joint task offloading and payment determination for mobile edge computing: a stable matching based approach ［J］. IEEE Transactions on Vehicular Technology, 2020, 69 (10): 12148 – 12161.

［186］Wei K, Li J, Ding M, et al. Federated learning with differential privacy: Algorithms and performance analysis ［J］. IEEE Transactions on Information Forensics and Security, 2020, 15: 3454 – 3469.

［187］Wen W, Cui Y, Quek T Q S, et al. Joint optimal software caching, computation offloading and communications resource allocation for mobile edge computing ［J］. IEEE Transactions on Vehicular Technology, 2020, 69 (7): 7879 – 7894.

［188］What is reinforcement learning? The complete guide ［EB/ OL］. deepsense. ai. Retrieved July 25, 2021, from website: https: //

deepsense. ai/what-is-reinforcement-learning-the-complete-guide.

［189］Wiering M A, Van Otterlo M. Reinforcement learning ［J］. Adaptation, Learning, and Optimization, 2012, 12 (3).

［190］Wu W, Yang P, Zhang W, et al. Accuracy – Guaranteed Collaborative DNN Inference in Industrial IoT via Deep Reinforcement Learning ［J］. IEEE Transactions on Industrial Informatics, 2020, 17 (7): 4988 – 4998.

［191］Xiao H, Rasul K, Vollgraf R. Fashion – mnist: a novel image dataset for benchmarking machine learning algorithms ［J］. arXiv preprint arXiv: 1708. 07747, 2017.

［192］Xiao L, Lu X, Xu T, et al. Reinforcement learning-based mobile offloading for edge computing against jamming and interference ［J］. IEEE Transactions on Communications, 2020, 68 (10): 6114 – 6126.

［193］Xiao L, Zhu Y, Ni L M, et al. Incentive – based scheduling for market-like computational grids ［J］. IEEE Transactions on Parallel and Distributed Systems, 2008, 19 (7): 903 – 913.

［194］Xu H, Liu Y, Wei W, et al. Incentive-aware virtual machine scheduling in cloud computing ［J］. The Journal of Supercomputing, 2018, 74 (7): 3016 – 3038.

［195］Xu X, Huang Q, Yin X, et al. Intelligent offloading for collaborative smart city services in edge computing ［J］. IEEE Internet of Things Journal, 2020, 7 (9): 7919 – 7927.

［196］Xylomenos G, Ververidis C N, Siris V A, et al. A survey of information-centric networking research ［J］. IEEE Communications Surveys & Tutorials, 2013, 16 (2): 1024 – 1049.

［197］ Yan J, Bi S, Zhang Y J A. Offloading and resource allocation with general task graph in mobile edge computing: A deep reinforcement learning approach ［J］. IEEE Transactions on Wireless Communications, 2020, 19 (8): 5404 – 5419.

［198］ Yang D, Xue G, Fang X, et al. Incentive mechanisms for crowdsensing: Crowdsourcing with smartphones ［J］. IEEE/ACM Transactions on Networking, 2015, 24 (3): 1732 – 1744.

［199］ Yang G, Hou L, He X, et al. Offloading Time Optimization via Markov Decision Process in Mobile – Edge Computing ［J］. IEEE Internet of Things Journal, 2020, 8 (4): 2483 – 2493.

［200］ Yang Y. Multi-tier computing networks for intelligent IoT ［J］. Nature Electronics, 2019, 2 (1): 4 – 5.

［201］ Yao J, Han T, Ansari N. On mobile edge caching ［J］. IEEE Communications Surveys & Tutorials, 2019, 21 (3): 2525 – 2553.

［202］ Yi S, Li C, Li Q. A survey of fog computing: concepts, applications and issues ［C］//Proceedings of the 2015 workshop on mobile big data, 2015: 37 – 42.

［203］ Yu Z, Gong Y, Gong S, et al. Joint task offloading and resource allocation in UAV-enabled mobile edge computing ［J］. IEEE Internet of Things Journal, 2020, 7 (4): 3147 – 3159.

［204］ Yuan H, Zhou M C. Profit – maximized collaborative computation offloading and resource allocation in distributed cloud and edge computing systems [J]. IEEE Trans actions on Automation Science and Engineering, 2020.

[205] Zafer M, Modiano E. Minimum energy transmission over a wireless fading channel with packet deadlines [C]//2007 46th IEEE Conference on Decision and Control. IEEE, 2007: 1148 – 1155.

[206] Zeng F, Chen Y, Yao L, et al. A novel reputation incentive mechanism and game theory analysis for service caching in software-defined vehicle edge computing [J]. Peer – to – Peer Networking and Applications, 2021, 14 (2): 467 – 481.

[207] Zeng R, Zhang S, Wang J, et al. Fmore: An incentive scheme of multi-dimensional auction for federated learning in mec [C]// 2020 IEEE 40th International Conference on Distributed Computing Systems (ICDCS). IEEE, 2020: 278 – 288.

[208] Zhan Y, Guo S, Li P, et al. A deep reinforcement learning based offloading game in edge computing [J]. IEEE Transactions on Computers, 2020, 69 (6): 883 – 893.

[209] Zhan Y, Li P, Qu Z, et al. A learning-based incentive mechanism for federated learning [J]. IEEE Internet of Things Journal, 2020, 7 (7): 6360 – 6368.

[210] Zhan Y, Zhang J. An incentive mechanism design for efficient edge learning by deep reinforcement learning approach [C]//IEEE INFOCOM 2020 – IEEE Conference on Computer Communications. IEEE, 2020: 2489 – 2498.

［211］ Zhang C, Xie Y, Bai H, et al. A survey on federated learning ［J］. Knowledge – Based Systems, 2021, 216: 106775.

［212］ Zhang H, Guo F, Ji H, et al. Combinational auction-based service provider selection in mobile edge computing networks ［J］. IEEE Access, 2017, 5: 13455 – 13464.

［213］ Zhang H, Jiang H, Li B, et al. A framework for truthful online auctions in cloud computing with heterogeneous user demands ［J］. IEEE Transactions on Computers, 2015, 65 (3): 805 – 818.

［214］ Zhang J, Guo H, Liu J. Adaptive task offloading in vehicular edge computing networks: a reinforcement learning based scheme ［J］. Mobile Networks and Applications, 2020, 25 (5): 1736 – 1745.

［215］ Zhang N, Guo S, Dong Y, et al. Joint task offloading and data caching in mobile edge computing networks ［J］. Computer Networks, 2020, 182: 107446.

［216］ Zhang Q, Gui L, Hou F, et al. Dynamic task offloading and resource allocation for mobile-edge computing in dense cloud RAN ［J］. IEEE Internet of Things Journal, 2020, 7 (4): 3282 – 3299.

［217］ Zhang T. Data offloading in mobile edge computing: A coalition and pricing based approach ［J］. IEEE Access, 2017, 6: 2760 – 2767.

［218］ Zhang W, Wen Y, Wu D. Collaborative task execution in mobile cloud computing under a stochastic wireless channel ［J］. IEEE Transactions on Wireless Communications, 2014, 14 (1): 81 – 93.

［219］ Zhang Y C. Supply and demand law under limited information

[J]. Physica A: Statistical Mechanics and its Applications, 2005, 350 (2 - 4): 500 - 532.

[220] Zhang Y, Han Z. Contract Theory for Wireless Networks [M]. Springer International Publishing, 2017.

[221] Zhang Y, Li B, Tan Y. Making AI available for everyone at anywhere: A Survey about Edge Intelligence [C]//Journal of Physics: Conference Series. IOP Publishing, 2021, 1757 (1): 012076.

[222] Zhang Y, Niyato D, Wang P. Offloading in mobile cloudlet systems with intermit tent connectivity [J]. IEEE Transactions on Mobile Computing, 2015, 14 (12): 2516 - 2529.

[223] Zhang Y, Song L, Saad W, et al. Contract-based incentive mechanisms for device-to-device communications in cellular networks [J]. IEEE Journal on Selected Areas in Communications, 2015, 33 (10): 2144 - 2155.

[224] Zhang Y, Pan M, Song L, et al. A survey of contract theory-based incentive mechanism design in wireless networks [J]. IEEE Wireless Communications, 2017, 24 (3): 80 - 85.

[225] Zhao G, Xu H, Zhao Y, et al. Offloading dependent tasks in mobile edge computing with service caching [C]//IEEE INFOCOM 2020 - IEEE Conference on Computer Communications. IEEE, 2020: 1997 - 2006.

[226] Zhao N, Liang Y C, Pei Y. Dynamic contract incentive mechanism for cooperative wireless networks [J]. IEEE Transactions on Vehicular Technology, 2018, 67 (11): 10970 - 10982.

[227] Zhao T, Zhou S, Guo X, et al. Pricing policy and computational resource provisioning for delay-aware mobile edge computing [C]// 2016 IEEE/CIC International Conference on Communications in China (ICCC). IEEE, 2016: 1 – 6.

[228] Zhou J, Zhang X, Wang W. Social-aware proactive content caching and sharing in multi-access edge networks [J]. IEEE Transactions on Cognitive Communications and Networking, 2020, 6 (4): 1308 – 1319.

[229] Zhou Z, Chen X, Li E, et al. Edge intelligence: Paving the last mile of artificial intelligence with edge computing [J]. Proceedings of the IEEE, 2019, 107 (8): 1738 – 1762.

[230] Zhou Z, Liao H, Zhao X, et al. Reliable task offloading for vehicular fog computing under information asymmetry and information uncertainty [J]. IEEE Transactions on Vehicular Technology, 2019, 68 (9): 8322 – 8335.

[231] Zhou Z, Wang B, Gu B, et al. Time-dependent pricing for bandwidth slicing under information asymmetry and price discrimination [J]. IEEE Transactions on Communications, 2020, 68 (11): 6975 – 6989.

后　　记

　　本书的写作，起初源于对边缘计算服务迅猛发展的关注，也源于一种将经济学、博弈论与边缘计算杂糅研究的冲动。也凭借这种劲头，本书完成了对计算经济学与边缘网络融合问题的一个初步探索。希望这些工作，能为后来者在理论建模与实际部署之间，提供哪怕一丝参考。当然，书中仍有不少不足之处，既有视野上的、认知上的，也有笔力上的，恳请读者批评、指正，不吝赐教。

　　本书的相关研究工作，是一个漫长而孤独的过程，好在也不是孤军奋战，团队中的各位朋友都给与了相当大的帮助。感谢那些在研究过程中的鼓励、批评、争论乃至否定与不认同，让研究探索的过程不至于沉闷，也使得研究团队的方向变得更加坚定和清晰。未来，我们仍想继续走在这个方向上，看能否把理论讲得更清楚，把机制做得更好，也把实验做得更扎实。

　　谨以此书，献给所有，对智能经济、对边缘智能、对"复杂世界中的合作与博弈"抱有热情和幻想的人。

作者

2025 年 3 月